L'ÉCOLE
HORS DE LA RÉPUBLIQUE

DES MÊMES AUTEURS

Livres d'Anna Erelle

Dans la peau d'une djihadiste, Robert Laffont, 2015
Losing my religion, Robert Laffont, 2017

Livres de Jacques Duplessy

Le Tour de France de la corruption,
avec Guillaume de Morant, Grasset, 2016
Arnaud Beltrame, le héros dont la France a besoin,
avec Benoît Leprince,
Éditions de l'Observatoire, 2018

ANNA ERELLE et JACQUES DUPLESSY

L'ÉCOLE HORS DE LA RÉPUBLIQUE

Robert Laffont

ISBN 978-2-221-25328-1
N° éditeur : 60508/01
Dépôt légal : avril 2021
Éditions Robert Laffont, 92, avenue de France – 75013 Paris

« Sur cette Terre, il y a quelque chose d'effroyable, c'est que tout le monde a ses raisons. »

Jean Renoir, *La Règle du jeu*.

Introduction

Opacité en bande organisée

Fin 2019, un de nos contacts au ministère de l'Intérieur, une « source » dans le jargon journalistique, nous alerte : « Vous devriez vous intéresser aux sites web salafistes à destination des parents. Ils organisent des classes virtuelles et fournissent des contenus pour les enfants. Tout ça sous couvert d'école à la maison. » S'ensuit une enquête de plusieurs mois dont la Toile et les réseaux sociaux constituent le décor principal – c'est le seul moyen de pénétrer ces sites, d'avoir accès à leur contenu et de démêler qui se cache derrière ces sociétés n'ayant d'école que le nom. Or chaque réponse au cours de cette enquête ouvrait une nouvelle question, comme une pelote dont on ne cesserait de tirer le fil : derrière ce sujet, méconnu, des écoles en ligne, il y a celui de l'école à la maison ; derrière l'école à la maison, celui des écoles privées hors contrat. Bref, tout un réseau, complexe et nébuleux, d'établissements plus ou moins parallèles, et qui interroge, voire inquiète tant il se situe en marge de l'école de la République dont l'Éducation nationale est la garante. Ainsi est né le projet de ce livre.

Hasard de la vie publique, le 2 octobre 2020 le sujet est propulsé sur le devant de la scène par Emmanuel Macron. Le président de la République révèle l'examen prochain par le Parlement du projet de loi contre le séparatisme (qui sera rapidement rebaptisé « projet de loi confortant le respect des principes de la République »). Dans ce discours, prononcé aux Mureaux, une annonce importante : la volonté d'interdire l'instruction en famille, soupçonnée d'être un terreau du radicalisme islamiste. Le président la présente même comme « une décision, sans doute l'une des plus radicales depuis les lois Ferry de 1882 et celles assurant la mixité scolaire entre garçons et filles, en 1969 ». Prémonitoire, vu les polémiques que cette annonce a déclenchées… Et puis, à peine quinze jours plus tard, l'indicible se produit : Samuel Paty, professeur de collège, se fait assassiner par un terroriste islamiste, ajoutant une dimension tragique à ce sujet sensible.

Sujet sensible, car enquêter sur ces écoles hors du système public, c'est très vite prendre conscience qu'on enquête sur le séparatisme. Plus exactement sur les séparatismes. Il existe sans conteste un communautarisme musulman que notre enquête initiale sur les écoles salafistes en ligne démontre. Mais nous étions loin de soupçonner la légion d'établissements, de plateformes, voire d'associations, qui gravitent dans l'ombre de l'école « officielle ». Des écoles laïques aux méthodes alternatives centrées sur l'épanouissement de l'enfant plus que sur la qualité réelle de ce qui lui est enseigné aux écoles réacs où intégristes de tout poil dispensent une vision du monde qui remet en cause sans vergogne les valeurs de la République, le séparatisme n'est pas seulement là où l'on croit. Il louvoie avec subtilité. Il joue sur les mots. Comme avec la loi, lorsqu'il ne cherche pas à la contourner. Confessionnel, mais aussi idéologique ou social : le séparatisme scolaire a de nombreux visages. « Les riches prônent un modèle où leurs enfants ne vont pas fréquenter des personnes qui ne leur ressemblent pas. Or justement, l'enjeu de l'école républicaine est de fréquenter des gens qui ne nous ressemblent pas[1] », nous a confié un membre du conseil des sages de la laïcité du ministre de l'Éducation nationale sous couvert de l'anonymat.

C'est bien cet enjeu qui semble ici menacé – et concerne donc l'avenir de notre société démocratique : autrement dit, à l'opposé du « vivre ensemble », une forme d'entre-soi que nous avons retrouvée dans tous les établissements sur lesquels nous avons enquêté, que cet entre-soi soit social, idéologique, religieux ou autre.

Cela posé, notre propos n'est en aucun cas de dénoncer le choix de l'école libre – d'ailleurs nous ne traitons pas dans ce livre des écoles privées sous contrat avec l'État, qui, tout en exerçant leur liberté pédagogique, sont régies par les mêmes règles que l'enseignement public. Héritage de la loi de 1905 de séparation des Églises et de l'État et des rudes combats entre les « hussards » de la IIIe République et l'Église catholique, cette liberté de choix structure

1. Entretien du 11 janvier 2021.

historiquement notre paysage éducatif. Nous avons simplement tenté de décrypter les risques de dérives de ces établissements dont la proposition pédagogique, même si elle concerne un nombre encore très minoritaire d'enfants, pose question à notre société de plus en plus fracturée.

Outre les évidentes lourdeurs du « mammouth[2] », le fonctionnement de l'enseignement public ne convient pas à tous les enfants. Comme le reconnaît un syndicaliste du SGEN, le syndicat général de l'Éducation nationale CFDT : « On peut comprendre que des parents fassent le choix du privé. Il est certain que, dans le modèle de l'Éducation nationale, les enfants entrent dans un moule et que ce moule n'est pas fait pour tous. »

Rien de critiquable en effet à ce que les familles qui pour une raison ou une autre ne veulent pas de ce « moule » pour leur enfant recherchent des établissements ou une manière d'enseigner susceptibles de mieux prendre en compte ses besoins particuliers. La plupart de ces écoles proposent un mix pédagogique alléchant – une dose de Montessori, une cuillerée de Freinet, un soupçon de Steiner, une pincée de modèle démocratique… Et elles ont le vent en poupe. Selon la Fondation pour l'école[3], 106 écoles

2. Expression prononcée le 24 juin 1997 par le ministre de l'Éducation nationale d'alors, Claude Allègre, comparant la lourdeur et la taille de son administration à celles d'un mammouth.

3. Créée en 2008, et reconnue d'utilité publique, la Fondation pour l'école est destinée à venir en aide au secteur des écoles hors contrat. Dans les faits, elle agit comme un lobby qui est aussi la « banque » de nombreux établissements réacs, dont les catholiques intégristes.

indépendantes de tous horizons ont ouvert leurs portes à la rentrée 2020. Le « hors contrat » ne connaît pas la crise.

Il est même parfois organisé autour d'un business lucratif. Ainsi que le souligne Saïd Benmouffok, conseiller éducation à la mairie de Paris[4] : « Un séparatisme social est à l'œuvre aujourd'hui à travers le développement des écoles privées, et ce au détriment de l'enseignement public. Il s'agit d'un mouvement qui dépasse largement les frontières de notre pays. » Comme dans le domaine des soins, un système à deux vitesses permet aux classes aisées de cultiver l'entre-soi en scolarisant leurs enfants dans des écoles où ils ne connaîtront pratiquement que des élèves issus du même milieu.

Et puis il y a les familles qui font un choix idéologique, et/ou confessionnel. Là, si l'entre-soi n'est pas nécessairement social, il est culturel. Dans certains de ces établissements, l'apprentissage de l'histoire et des sciences, notamment, mêle révisionnisme et créationnisme – on n'y est pas loin des thèses complotistes qui, elles aussi, ont le vent en poupe. L'esprit critique des élèves n'y est pas stimulé, le niveau de l'enseignement en réalité souvent très faible. Une forme d'emprise, destinée, demain, à former quel genre de citoyens ?

Lorsque l'on enquête pour documenter un livre sur l'école, on a pour premier réflexe de s'adresser au

4. Pour une critique du bilan du ministre, voir Saïd Benmouffok, *Le Fiasco Blanquer*, Paris, Les petits matins, 2021, et Pascal Bouchard, *Jean-Michel Blanquer, l'Attila des écoles*, Vulaines-sur-Seine, Croquant, 2020.

ministère de l'Éducation nationale. Et, même si cela peut interpeller, au ministère de l'Intérieur, puisque les questions de radicalisation et d'emprise sectaire relèvent de son autorité. Nous avions remarqué quantité de zones d'ombre qui nécessitaient leur éclairage concernant le hors contrat et l'instruction en famille (IEF). Nos interrogations, éthiques comme juridiques, à propos du statut des établissements, de leur application du socle commun de connaissances et de compétences, du contrôle de l'IEF, du risque d'emprise sectaire ou radicale, etc., étaient nombreuses. Or, nous nous sommes heurtés à des murs. Il n'y a pas que l'armée qui soit « la grande muette »...

Nous avons contacté toutes les académies de France. Aucun retour ou presque. Deux nous ont renvoyés vers Paris. À force de relances, deux autres nous ont répondu succinctement sur des points précis, d'ailleurs pas forcément en rapport avec nos questions. Pour ce qui est de l'emprise sectaire, la Miviludes, la Mission interministérielle de vigilance et de lutte contre les dérives sectaires, devait être notre interlocuteur. Beaucoup s'inquiétaient de sa perte d'indépendance à cause de son passage dans le giron du ministère de l'Intérieur à compter du 1er janvier 2020[5]. Ils avaient raison. Alors que les relations étaient jusqu'alors fluides avec les journalistes, désormais on nous répond : « Je n'ai plus le droit de vous parler sans l'accord de la direction de la communication. »

5. La Miviludes a été rattachée au ministère de l'Intérieur par décret n° 2020-867 du 15 juillet 2020 modifiant le décret de création n° 2002-1392 du 28 novembre 2002.

Ça tombe bien, nous avons aussi cherché à nous entretenir avec la cellule de prévention de la radicalisation auprès de la direction de la communication de l'Intérieur, et avec le chargé de communication au cabinet du ministre. La com' nous a assuré qu'il n'y avait pas de problème, au moins pour la Miviludes. Quelques jours plus tard, c'était « en cours ». Depuis, malgré de nombreuses relances, nous n'avons jamais eu de nouvelles…

Nous avons en revanche pu discuter avec un conseiller de l'Élysée qui suit le projet de loi contre les séparatismes. À l'écouter, la situation, bien que prise en main, est inquiétante. Le Château donne des exemples, mais jamais de précisions. Il évoque des « petites musulmanes de 3 ans scolarisées dans des caves ». On voudrait des dates, des lieux précis, de quoi pouvoir vérifier pour par la suite enquêter. Mais rien de tout cela. Nous nous heurtons au silence. C'est à se demander si ces « exemples » ne s'inscrivent pas dans une unique logique de communication politique.

Après plusieurs mois de relances, alors que le livre était quasi bouclé, le ministère de l'Éducation nationale nous a accordé une heure d'entretien avec un conseiller de Jean-Michel Blanquer. Mieux vaut tard que jamais, mais… à l'issue du rendez-vous, la chargée de communication nous a lancé : « Vous ne pourrez pas dire qu'on ne vous a pas reçus. » Tout était dit. En réalité, nous n'avons eu droit qu'à des informations au compte-gouttes. Tout en reconnaissant « des échecs », ce conseiller n'a surtout jamais manqué une occasion de saluer les progrès instaurés par son ministre et de nous servir les éléments de langage destinés à valider la stratégie de communication gouvernementale autour de la loi séparatisme. Les questions qui dérangent sont restées sans réponse. Un rapport accablant sur une école catholique intégriste de l'académie de Versailles a-t-il donné lieu à des sanctions ? Qu'en est-il des écoles Steiner souvent critiquées ? Où sont ces écoles islamistes qu'on nous annonce se tenir dans des caves ou des hangars ? Plus généralement, comment le domaine du hors contrat a-t-il pu devenir le champ des possibles des idéologies de tout le monde et n'importe qui, dans un sidérant mépris de nos lois ? On nous promet des contacts ; rien ne viendra. « Il n'est pas étonnant que les académies ne vous aient pas répondu, s'il n'y a pas un coup de téléphone de ma part pour les autoriser à parler, elles ne le feront pas, avoue la chargée de com du ministère. Elles ont peur des polémiques[6]... » Le gouvernement ne cesse d'invoquer la transparence, la réalité est tout autre : une communication verrouillée. Que faut-il déduire de cette opacité entretenue par ceux-là mêmes qui sont pourtant les garants de l'école de la République ? L'espoir de gagner du temps face à un phénomène de plus en plus embarrassant ? Une stratégie pour masquer l'absence de moyens et de solutions réels, malgré les annonces fracassantes ?

Un inspecteur général de l'Éducation nationale nous avait prévenus : « Si le ministère bloque tout, c'est bien que votre sujet fait peur. » Un autre éclate de rire à l'évocation des difficultés rencontrées : « C'était évident qu'ils ne vous répondraient pas, il y

6. Entretien du 5 février 2021.

a un black-out sur ces questions. Dès qu'on parle séparatisme, religion, contrôle des établissements ou de l'école à la maison, c'est bouche cousue. Par principe, l'Éducation nationale n'aime pas qu'on mette le nez dans ses affaires et les responsables ont peur des coups de règle sur les doigts du cabinet du ministre. »

« L'omerta, c'est ce qui fonctionne le mieux dans l'Éducation nationale », lâche encore un syndicaliste. Par moments, nous avons en effet eu l'impression d'être en Sicile.

Même la représentation nationale n'est pas mieux informée. Lorsque nous nous sommes intéressés à la déscolarisation, aux élèves fantômes, nous sommes tombés sur une « mission flash[7] » sur ce sujet, conduite en 2018 par deux députées, Anne Brugnera, députée du Rhône (La République en Marche), et George Pau-Langevin, députée de Paris (Nouvelle Gauche). Nous avons épluché leur rapport et les avons interviewées. Malheureusement, elles ne savaient pas grand-chose. Et pour cause. Un inspecteur d'académie nous a glissé : « Même elles, on ne leur répond pas, on traite ça par-dessus la jambe. » Or le ministère de l'Éducation nationale en sait beaucoup plus qu'il ne le dit, notamment sur les questions de radicalisation : tout un étage de la rue de Grenelle transformé en bunker avec porte blindée et contrôle d'accès est consacré aux remontées quotidiennes d'incidents et aux statistiques. Cette cellule est pilotée par un haut

7. www2.assemblee-nationale.fr/static/15/commissions/CAffCult/Synth%C3%A8se%20mission%20flash%20d%C3%A9scolarisation.pdf.

fonctionnaire de défense et de sécurité[8], le préfet Philip Alloncle. Le courriel que nous lui avons adressé est resté sans réponse.

À vrai dire, l'omerta de l'État, nous nous y attendions un peu. Alors nous nous sommes mis en chasse des documents et des informations que les ministères ne voulaient pas partager. Là non plus, ça n'a pas été simple. Nous avons contacté l'ensemble des associations de lutte contre les dérives sectaires sur le sujet des sectes et de l'éducation. Peu ont répondu, peut-être à cause du télétravail imposé par la pandémie. Encore moins nous ont donné des pistes d'enquête intéressantes. Nous avons toutefois découvert que l'une d'elles, le Cercle laïque de prévention du sectarisme, avait réussi à obtenir de nombreux rapports d'inspection sur des écoles privées en les demandant à la Cada, la commission d'accès aux documents administratifs. L'association a refusé de nous y donner accès, « par crainte d'avoir des ennuis ». On peut s'interroger : à quoi bon toute cette énergie pour tenir sous le boisseau des rapports concernant les dérives constatées ? La Cada de son côté accepte de communiquer les rapports d'inspection des écoles hors contrat moyennant certaines précautions, l'anonymisation des personnes, par exemple. Mais ses processus sont incompatibles avec les délais de rédaction d'un livre d'actualité. Il faut d'abord écrire à l'académie concernée par les rapports que l'on veut obtenir. Laquelle académie a deux mois pour refuser de com-

8. www.education.gouv.fr/pourquoi-un-haut-fonctionnaire-de-defense-et-de-securite-au-ministere-charge-de-l-education-5336.

muniquer le document, explicitement ou tacitement. Ensuite la Cada a un mois pour se prononcer. Même si l'avis est favorable, le ministère ne s'exécute pas forcément. Il faut alors saisir le tribunal administratif, ce qui entraîne encore des mois de procédure. Les délices kafkaïens de l'administration française...

Restait ce qui fait le charme de notre métier : frapper aux portes et trouver des « sources », des personnes qui nous ont fait confiance, ont accepté de nous raconter leur travail (souvent sous couvert de l'anonymat) et de nous communiquer des documents pour étayer ce que nous montrait ou ce que nous cachait notre enquête de terrain, dans les écoles – là aussi, difficile dans la plupart des cas de délier les langues, particulièrement dans les établissements confessionnels... C'est grâce à leur coopération que se sont peu à peu dévoilés les multiples visages de cette école hors de la République dont certains sont franchement inquiétants, quand leurs élèves se retrouvent l'enjeu d'un bouleversement culturel et identitaire au cœur de tous les débats.

I

L'école à la maison, liberté et dérives

1

Une loi contre l'école à la maison ?

« Ce à quoi nous devons nous attaquer, c'est le séparatisme islamiste. C'est un projet conscient, théorisé, politico-religieux, qui se concrétise par des écarts répétés avec les valeurs de la République, qui se traduit souvent par la constitution d'une contre-société, et dont les manifestations sont la déscolarisation des enfants, le développement de pratiques sportives, culturelles, communautarisées qui sont le prétexte pour l'enseignement de principes qui ne sont pas conformes aux lois de la République. C'est l'endoctrinement et, par celui-ci, la négation de nos principes, l'égalité entre les femmes et les hommes, la dignité humaine. » Ainsi parlait Emmanuel Macron dans son discours tenu aux Mureaux, le 2 octobre 2020. Et d'annoncer que l'instruction scolaire à domicile serait, à partir de la rentrée 2021, « strictement limitée, notamment aux impératifs de santé », et que l'école deviendrait obligatoire dès l'âge de 3 ans (et non plus 6).

Dans un *briefing off*[1] à destination des journalistes, le conseiller Intérieur et Sécurité du président Macron démine : « On est vraiment, et le Président est engagé là-dessus, sur une action contre des personnes qui, au nom d'une vision dévoyée de la religion, ont des comportements séparatistes de rejet de la République, voire une volonté d'imposer leur vision de la société à la place des lois de la République. Je le précise parce qu'on a beaucoup discuté, et je sais qu'il y a des gens issus de la presse internationale qui sont présents aujourd'hui. Il ne faut pas qu'il y ait de malentendus sur l'action que l'on mène. Ce n'est en aucun cas une action contre une religion. Ce n'est pas une action contre l'islam, c'est une action contre des personnes qui, au nom d'une vision fausse ou reconstruite d'une religion, ont un comportement qui est contraire à la République. » Des exemples liés à l'éducation sont distillés pour justifier le projet de loi : « Vous avez un autre chapitre sur l'éducation et le sport, là aussi avec des mesures sur l'instruction en famille qui avaient été annoncées par le président de la République dans le discours des Mureaux, avec un intérêt évident qui est de lutter contre des formes de "scolarisation", entre guillemets, de petites filles et de petits garçons qui sont retirés du système scolaire

1. *Briefing off* de l'Élysée du 7 décembre 2020 sur le projet de loi confortant les principes républicains. Document consulté par les auteurs. Un *briefing off* rassemble des éléments de langage des autorités à destination de journalistes choisis qui pourront être sourcés en indiquant par exemple « selon l'Élysée » ou « dans l'entourage du Président ». Ce sont de faux *off* puisque le *off* est censé dévoiler des informations confidentielles et non pas faire la communication des politiques.

par leurs parents, qui sont dans une logique d'évitement scolaire, et que l'on retrouve regroupés dans des salles clandestines avec un enseignement séparé des petites filles qui sont entièrement voilées dès l'âge de 3 ans, les petits garçons qui sont séparés des filles, des programmes scolaires qui ne sont pas du tout des programmes scolaires validés par le ministère de l'Éducation nationale, dans des conditions lugubres de scolarité, dans des bâtiments vétustes, dégradés, sans aération, sans récréation, sans restauration et bien souvent en s'appuyant sur des livres et des ouvrages scolaires qui ne sont pas du tout acceptés en France.» Les images sont fortes; mais aucun lieu, aucune date n'est cité permettant de savoir où et quand les autorités ont découvert ces «petites filles de 3 ans entièrement voilées»...

Finalement, le projet de loi sur les séparatismes a été affublé d'un nouveau nom moins guerrier et plus consensuel – «Projet de loi confortant les principes républicains» –, et le Conseil d'État a refroidi les ardeurs du Président : «Si la réforme prévue par le gouvernement ne paraît pas rencontrer d'obstacle conventionnel, elle soulève de délicates questions de conformité à la Constitution.» Le Conseil d'État propose, plutôt que de supprimer la possibilité d'instruction dans la famille, d'énoncer dans la loi les cas dans lesquels il sera possible d'y recourir. Selon lui, l'augmentation récente du nombre d'enfants instruits à domicile et les difficultés qui peuvent en résulter ne sont pas de nature à justifier la suppression de cette liberté octroyée aux parents. Néanmoins, ce choix d'instruction devrait désormais être soumis non plus à une simple déclaration, mais à une autorisation annuelle de l'autorité académique[2]. « Cette mesure dépasse largement la question du séparatisme pour Emmanuel Macron, décrypte Claude Lelièvre, historien de l'éducation. Avec elle, le chef de l'État se projette dans l'avenir, il révolutionne, il propose du nouveau. Elle remet tellement en cause le principe de base de l'instruction, que la question de la constitutionnalité de la décision se pose[3]. »

Si l'instruction est obligatoire entre 3 et 16 ans, l'école, elle, jusqu'à présent, ne l'est pas. Depuis la loi Jules Ferry du 28 mars 1882, il est écrit que la famille a le droit de choisir entre une école publique, une école privée ou l'éducation à la maison. Cette possibilité de l'instruction en famille avait été autorisée pour ne pas rompre la fragile concorde entre l'Église et l'État, alors que la République était dans une situation de rapport de force avec l'Église. D'autre part, Ferry a beaucoup écrit sur l'éducation familiale et sur le rôle du père de famille. Dans sa lettre aux instituteurs, le ministre prend bien soin de préciser que le maître d'école ne se substitue pas au père de famille : « Vous êtes l'auxiliaire et, à certains égards, le suppléant du père de famille : parlez donc à son enfant comme vous voudriez que l'on parlât au vôtre ; avec force et autorité, toutes les fois qu'il

---

2. Le journal *Le Monde* a eu accès à l'avis du Conseil d'État : « Projet de loi séparatisme, le Conseil d'État donne son feu vert malgré quelques réserves », article du 7 décembre 2020.

3. *Le Point*, « La liberté d'instruction est-elle enterrée ? », 15 octobre 2020.

s'agit d'une vérité incontestée, d'un précepte de la morale commune ; avec la plus grande réserve, dès que vous risquez d'effleurer un sentiment religieux dont vous n'êtes pas juge[4]. »

4. Lettre de Jules Ferry aux instituteurs, 27 novembre 1883.

2

État des lieux

Qu'en est-il réellement sur le terrain ? Si l'instruction à domicile fait couler beaucoup d'encre, elle concerne en réalité moins de 25 000 enfants sur 8,2 millions d'élèves, soit 0,3 % de la population scolaire, selon la dernière enquête disponible datant de 2016 de la Direction générale de l'enseignement scolaire (DGESCO). Si on exclut les élèves instruits à domicile par le biais du Centre national d'enseignement à distance (CNED) en scolarité complète réglementée et qui représentent 60,5 % de l'effectif recevant une instruction en famille, le pourcentage d'élèves réellement instruits à domicile par leur famille sans l'aide d'un organisme d'enseignement à distance ne représente, pour l'année scolaire 2014-2015, que 29,4 % de l'effectif global, soit 0,1 % des 8,2 millions d'enfants. Toutefois, bien que faible, ce dernier est en augmentation de 32,2 % par rapport aux chiffres de l'année scolaire 2010-2011. Tout dernièrement, dans ses éléments de langage destinés à vendre le « projet de loi confortant les principes républicains », le gouvernement a annoncé que le nombre d'enfants scolarisés à domicile était passé de 36000 à 50000 élèves en trois ans, entre 2016 et 2019. Mais sans donner aucun détail. « De mon point de vue, c'est clairement surestimé à des fins politiques, estime un inspecteur général de l'Éducation nationale sous couvert de l'anonymat. Déjà, le point de départ de 36000 élèves en 2016 est faux, selon l'étude même de nos services, la DGESCO. En admettant que la tendance soit la même par rapport à la dernière étude avec une augmentation d'un tiers par rapport à 2016, on arrive à 32000 élèves, loin des chiffres annoncés[1]. »

Le nombre d'élèves suivant l'école à la maison en France est donc négligeable. À titre de comparaison, aux États-Unis, il représente 3,5 % de la population scolaire, soit 2,04 millions sur 58,3 millions d'élèves, au Canada 100000 sur 5 millions d'élèves, soit presque 2 % des effectifs.

Mais c'est la tendance qui inquiète l'Éducation nationale. Une autre source du ministère, elle aussi sous couvert de l'anonymat, rapporte que : « L'instruction à domicile s'observe majoritairement dans les classes du premier degré où les effectifs sont toujours plus nombreux que dans le second degré. Dans le premier degré qui comprend les enfants entre 3 et 11 ans, l'augmentation, depuis l'année 2014-2015, est très forte, allant parfois jusqu'au doublement des effectifs dans certaines académies. Dans le second degré, les chiffres restent stables, sauf dans les académies de Nantes, Rennes et Strasbourg – l'agglomération

1. Entretien du 12 janvier 2021.

de Mulhouse, surtout – qui augmentent de manière notable[2].» Quelques exemples pour le premier degré, parmi les chiffres officiels que nous avons pu consulter : en Corse, on passe de 24 enfants en 2014-2015 à 44 enfants en 2016-2017. À Grenoble, la hausse est sensible : 213 enfants en 2014-2015, 267 enfants en 2016-2017; comme à Lyon, de 151 enfants en 2014-2015 à 182 enfants en 2016-2017. À Limoges, l'augmentation est très forte avec 37 enfants en 2014-2015 et 66 enfants en 2016-2017. C'est carrément spectaculaire à Poitiers, avec un doublement des effectifs, de 20 enfants en 2014-2015 à 40 enfants en 2016-2017 ou encore à Strasbourg avec une explosion de 207 enfants en 2014-2015 à 376 en 2016-2017. Pour le second degré, la situation est plus contrastée. Certaines régions baissent ou stagnent, d'autres augmentent parfois fortement. Il est clair que l'instruction en famille diminue pour le collège et qu'elle est encore plus exceptionnelle pour les classes de lycée.

Comment expliquer cette augmentation? L'Éducation nationale a tenté d'en savoir davantage sur les motivations des parents. Légalement, ceux-ci sont tenus, chaque année, au plus tard huit jours après la rentrée scolaire, de déclarer au maire de leur commune de résidence et au directeur académique du département où ils résident, qu'ils optent pour l'instruction dans la famille. Si la décision de quitter l'école est prise en cours d'année, il faut faire cette déclaration au plus tard huit jours après le changement. Cette déclaration concerne de simples

2. Entretien du 16 décembre 2020.

renseignements administratifs, comme les noms, adresse et téléphone.

Mais les raisons personnelles qui incitent les familles à scolariser leurs enfants à domicile sont, dans l'immense majorité des cas, inconnues, la législation en vigueur ne faisant pas de cette déclaration une obligation qui, au demeurant, pourrait être aisément contournée. Toutefois, le relevé, fait par les académies, de quelques motifs, permet d'en dessiner les grandes catégories : la défiance à l'égard de l'institution (baisse qualitative du niveau scolaire, violence à l'école…) ; le respect du rythme de l'enfant (état de santé ou la pratique du sport de haut niveau) ; le mode et choix de vie de la famille ; les raisons idéologiques, philosophiques et religieuses.

3

À la rencontre des adeptes de l'instruction en famille

Pour comprendre ce que recouvre l'instruction en famille, l'IEF pour les initiés, nous avons voulu donner la parole à des familles qui ont fait ce choix. Loin des statistiques froides et des rapports, et pour tenter d'en cerner les raisons. Nous n'avons pas eu à chercher bien loin. Comme nous parlions de notre projet autour de nous, très vite on nous a proposé de nous mettre en relation avec des amis ou amis d'amis qui ont choisi ce type d'éducation pour leurs enfants, parfois temporairement. Nous sommes allés à la rencontre de deux d'entre elles qui nous ont semblé particulièrement emblématiques. Mais nous aurions pu collectionner les témoignages, tant ces familles ont envie de parler, surtout en cette période où cette liberté est menacée par le projet de loi.

Marie-Solène est mère de 6 enfants, dont 5 âgés de 6 à 14 ans sont scolarisés. « Ce qui a motivé notre choix de l'IEF repose sur plusieurs critères et a été mûri en plusieurs étapes, nous explique-t-elle[1]. Avant tout, un fort intérêt personnel pour la pédagogie, la manière de transmettre aux enfants et de stimuler leurs apprentissages. Cet intérêt était nourri déjà depuis plusieurs années par la lecture de différents pédagogues, dont Maria Montessori. J'éprouvais aussi une sorte de frustration que ce soient les maîtresses qui reçoivent la petite étincelle de compréhension de mes enfants, acquérant une connaissance nouvelle et stimulante ! Cette réalité magique me manquait parfois dans ma manière de les accompagner en tant que mère. Ensuite, j'avais la sensation que les enfants perdaient beaucoup de temps à l'école, qu'ils étaient souvent dans un mode "occupationnel" – pour passer le temps... plutôt que nourrissant pour leur esprit. Par exemple, nous n'étions pas assez satisfaits des textes qu'on leur proposait et leur lisait – de plus en plus niais, alors qu'il existe tout de même une littérature extraordinaire tout à fait accessible pour eux, si tant est qu'on les en considère capables et qu'on leur donne les bons outils pour y accéder ! La goutte d'eau a été la fin du CP de notre fille : elle était en train de devenir dyslexique, et l'on me demandait de reprendre la lecture à la maison le soir, entre 17 et 19 heures, à l'heure du "rush" dans les familles nombreuses où il faut caler le goûter, le temps de détente après l'école, le bain, voire des activités extrascolaires. J'ai donc simplement pensé que si c'était à moi de reprendre son travail d'apprentissage de la lecture, autant le faire à des horaires où nous serions toutes

1. Entretien du 19 novembre 2020.

deux fraîches et disposes, et avec des méthodes qui correspondaient davantage à l'idée que je me faisais de cet apprentissage, c'est-à-dire des méthodes structurantes plutôt que mécaniques ou automatiques, propices aux dyslexies. Concrètement : la première année, j'ai inscrit les enfants à un cours par correspondance qu'il nous a fallu suivre et qui a présenté des avantages, mais ne nous laissait finalement pas beaucoup de marge de manœuvre non plus. Cela m'était parfois compliqué de m'approprier l'esprit de la conceptrice de ce cours et j'avais besoin de m'en détacher sur certains aspects. La deuxième année, j'ai donc préféré donner moi-même le déroulement des enseignements. J'ai suivi des formations complémentaires, glané dans les livres et sur Internet beaucoup de méthodologies variées. Je me suis attachée à des manuels trouvés à La Librairie des écoles[2] principalement, ainsi qu'à des outils présents sur Internet. J'ai un grand faible pour le site Carpe diem qui propose toute une gamme de ressources ludiques et pédagogiques. Un autre aspect que nous voulions gagner dans l'IEF fut la liberté de mouvement : nous avons organisé un voyage familial à Rome en plein mois de septembre, participé aux vendanges, pris un temps quotidien d'apprentissage d'un instrument de musique dans le déroulement de notre journée – et pas entre 5 et 7 ! –, réalisé des projets, etc.»

2. Éditeur militant qui propose des manuels scolaires et des livres éducatifs pour les enfants des écoles primaires avec des méthodes pédagogiques alternatives.

Tous les enfants de Marie-Solène sont aujourd'hui retournés dans une école « classique ». « Nous avons fait le choix qu'ils retournent à l'école pour que je puisse retravailler. Tout s'est bien passé pour chacun d'eux, même si nos collégiens se sont plutôt ennuyés au début dans leurs collèges sous contrat. Quant aux plus jeunes encore au primaire, ils sont inscrits actuellement dans des écoles hors contrat qui s'harmonisent bien avec notre vision de l'instruction. Pour correspondre au rythme plus soutenu de ces établissements qui vont parfois plus vite que le programme officiel, il a fallu une petite remise à niveau progressive pour nos plus jeunes, qui ne m'a pas semblé insurmontable, mais qui leur a demandé l'effort de s'impliquer. Ils avaient beaucoup plus de temps libre à la maison... notre fils avait fait son année de CP en travaillant une ou deux heures par jour ! »

Ce choix de l'instruction en famille lui semble néanmoins une liberté fondamentale à préserver. « Les intérêts de l'instruction en famille sont nombreux à mes yeux. Je pense que les parents sont les premiers éducateurs de leurs enfants, et les mieux à même de comprendre comment ils fonctionnent. Ceci étant, la limite est assez claire elle aussi : les parents ne sont pas tout pour leurs enfants et il est bon qu'ils se confrontent à d'autres adultes capables de les nourrir. Le problème, c'est qu'aujourd'hui, l'école c'est un peu la loterie : on peut tomber très bien, ou très mal... Et le "système scolaire" tel qu'il est permet de moins en moins aux enseignants d'être suffisamment constructifs pour les enfants. Nous sommes opposés au projet d'interdiction ou de restriction de l'instruction en famille. C'est une atteinte de plus à notre liberté, à notre responsabilité de parents, de personnes adultes et sensées, capables de choisir pour elles-mêmes et leurs enfants ce qui leur semble juste et adéquat. Sous des prétextes qui nous semblent bien fallacieux, notre gouvernement cherche à contrôler toute chose d'une manière qui nous sidère depuis longtemps, mais qui arrive à son paroxysme en cette année 2020 ! J'ai l'impression que le pouvoir vise une sorte d'uniformisation mortifère – que cela soit conscient ou non. Nier les différences dans une société, c'est se priver de bien des richesses, et d'un dynamisme de vie pourtant bien nécessaire. »

Cécile et Romain ont fait le même choix pour leurs deux enfants en âge scolaire, et ils continueront pour la petite dernière qui vient d'avoir trois ans. Cette artiste, sculptrice sur bois, aujourd'hui animatrice d'un atelier de peinture itinérant, et son compagnon, designer de jeux pour enfants, n'avaient pourtant jamais pensé à l'instruction en famille. « Pour nous, le choix de l'école publique était une évidence et nous n'avions jamais pensé à ce mode d'éducation. Ce sont les circonstances qui nous y ont amenés. Nous avons, comme une grande majorité de parents, scolarisé notre fils aîné en maternelle à l'âge de 3 ans. Les deux premières années se sont très bien déroulées, puis nous avons déménagé et de ce fait Louis a changé d'école pour sa troisième année de maternelle, nous raconte Cécile[3]. Assez rapidement, il nous a fait part de son ennui en classe face à une institutrice peu

3. Entretien du 19 novembre 2020.

encline à dévier de son sujet et à rebondir sur les interventions des enfants. Il a aussi subi des violences de la part d'enfants plus grands des classes de primaire. Nous avons tenté de discuter avec la directrice de l'établissement, en vain. Elle bottait en touche et nous signifiait : il l'a certainement un peu cherché, non ? Nous avons alors pris la décision de le retirer de cette école pour les sept derniers mois de l'année scolaire, l'instruction étant à l'époque obligatoire à partir de 6 ans, il en avait 5… Il a ainsi appris à lire à la maison et à développer son goût pour les chiffres et le calcul. Nous l'avons inscrit en CP dans une autre école. Rapidement, l'ennui a repris le dessus et la motivation a décliné petit à petit. La situation est devenue critique au cours du CE1, il fallait alors nous battre pour sortir notre fils de son lit, lui faire faire les devoirs du soir, et bien d'autres chose encore. Après une longue réflexion, nous avons fait le choix de le déscolariser. Nous avons vu dans l'IEF une ouverture pour vivre à un rythme qui correspond parfaitement à nos idées de la vie et des apprentissages, motivés par la passion, ouverts sur le monde extérieur et la nature. Cela nous offrait aussi la possibilité de mieux maîtriser le rythme de toute la famille, des activités professionnelles… Après un temps d'adaptation, nous avons trouvé notre rythme. Nous avons fait ensuite le choix de ne pas scolariser notre fille. Chacun de nos enfants développe ses connaissances en fonction de ses envies, nous gardons un œil sur le programme scolaire, le socle commun de connaissances, pour ne pas trop dévier des objectifs qui seront attendus lors des contrôles de l'inspection académique puisque nous sommes inspectés régulièrement. Cette organisation leur permet aussi de se concentrer et de s'impliquer tant qu'ils le veulent dans leurs passions. La musique pour notre aîné qui souhaite ardemment devenir batteur professionnel, vise le concours du conservatoire de musique de Lyon, apprend le piano, s'est engagé auprès de l'harmonie de Lons-le-Saunier et d'un *brass band*. Il s'investit dans deux festivals locaux, le festival de musique baroque du Haut-Jura et les Rendez-vous de l'aventure. Sa sœur plus jeune n'étant jamais allée à l'école, n'a pas de schéma préétabli de référence et apprend sans s'en rendre compte, à une vitesse qui nous étonne chaque jour. La lecture, l'écriture, le calcul sont des défis qu'elle adore relever. Elle est en train de développer une grande appétence pour la danse. Elle a tout le loisir de se plonger dans cet univers.

« Ces passions sont portées et accompagnées, par nous-mêmes, par les adultes qui leur enseignent ces pratiques, elles mûrissent et prennent vie chez nos enfants qui s'y adonnent, sans que personne ne juge leur choix, continue Cécile. Ils y vont pleinement, progressent vite, c'est un régal que de les voir s'y épanouir. Chacune de leurs activités, partagée avec différents "adultes référents", jeunes de leur âge, adolescents, jeunes adultes... est riche d'interactions sociales. À ces activités s'ajoutent tout un ensemble de sorties culturelles (visite de musées, spectacle vivant, conférences...) auxquelles participe souvent l'ensemble de la famille. Chacun de nos enfants en retire ce qui lui correspond et, de toute évidence, les plus petites sont tirées par leur aîné. Devoir retourner en arrière nous semble aujourd'hui inimaginable. Bien entendu, s'ils formulent le souhait d'aller à l'école dans le futur, nous ne nous y opposerons pas. Faire le choix de l'IEF, c'est s'engager sur un chemin parallèle, pas opposé au chemin classique, et passer de l'un à l'autre est très simple. Pourquoi se priver, nous priver de la liberté de ce choix ? »

Un enthousiasme partagé par Louis, leur fils aîné de 11 ans. « Je pratique l'IEF depuis mes 7 ans. J'aime bien parce que je suis libre d'organiser mon emploi du temps comme je l'entends. Je peux aller faire des balades en forêt, de la botanique, j'observe les oiseaux et lis des revues de *La Salamandre*. J'aime lire des romans pendant parfois quatre heures en journée si je veux, sans être interrompu. Avec ma sœur et ma mère, on va à l'Université ouverte[4] quand des conférences nous intéressent au Carrefour de la communication[5] de Lons-le-Saunier et aux festivals autour de chez nous. On emprunte des documents à la médiathèque et mes recherches sont plus larges dans mes apprentissages choisis. Quand je veux me pencher sur un sujet en particulier, mes parents ne me disent pas : “Ah non hein, tu dois aller faire des maths !” Des maths, j'en fais sur Maths-et-tiques[6]

4. Service de l'université de Franche-Comté, l'Université ouverte a pour vocation de mettre à la disposition du plus grand nombre les savoirs et le savoir-faire universitaire.

5. Le Carrefour de la communication à Lons-le-Saunier est un espace de congrès, séminaires, formations, expositions, concerts et réceptions.

6. Maths-et-tiques.fr est un site internet créé par Yvan Monka, un professeur agrégé de mathématiques, enseignant en lycée dans l'académie de Strasbourg. Il partage des ressources en maths de la sixième à la terminale.

plusieurs heures aussi quand j'en ai envie. J'ai déjà fait le programme de sixième en CM2, et je suis sur le programme de cinquième. Pour apprendre le français je vais sur Pass-éducation[7]. Je joue tous les jours au Scrabble. Depuis deux ans, je suis membre d'un club de Scrabble, mes copines ont entre 65 et 92 ans ! J'écris un journal toutes les semaines depuis que j'ai 9 ans. J'en suis à mon 52e numéro. J'ai des cours de hip-hop le mercredi après-midi. Je suis dans une harmonie et dans un *brass band*, à la percussion. J'aime beaucoup l'ambiance. Je rencontre des gens très intéressants qui ont des passions. Je ne me vois pas vivre à l'école parce que sinon je perdrais tout ça. »

« L'instruction en famille se passe bien et donne de bons résultats quand on est dans un milieu social aisé, ouvert, avec des enfants qui de toute façon réussiraient dans le milieu scolaire à de rares exceptions près », commente un inspecteur de l'Éducation nationale.

C'est ce que nous ressentons aussi. L'école à la maison a son utilité pour des enfants précoces ou qui ont du mal à entrer dans le système scolaire classique, et bien sûr pour les enfants malades. Mais comme nous l'avons découvert en discutant avec des inspecteurs, si l'épanouissement individuel des enfants semble incontestable, les contrôles peuvent révéler de graves lacunes dans leur instruction qui sont préjudiciables à leur devenir.

---

7. pass-education.fr est un site de ressources payant pour l'instruction en famille mais aussi pour le soutien scolaire.

4

L'instruction en famille dans les familles musulmanes, un cas spécifique ?

Le communautarisme islamique peut constituer une raison de scolarisation à la maison, mais pas plus qu'une autre forme de communautarisme, selon notre enquête. « Bien sûr, comme tout inspecteur chargé de ces contrôles, j'ai des anecdotes, nous raconte Franck A.[1], inspecteur d'académie en région parisienne. Par exemple, une fois, je viens voir deux petites filles, l'une en sixième, sa sœur en troisième. Nous arrivons dans l'appartement, la mère voilée ne nous serre pas la main et nous demande d'enlever nos chaussures. Nous refusons. Gênée, elle nous dit : “Je dois demander à mon mari ce que je dois faire.” Le mari lui a visiblement dit de nous laisser entrer car nous avons poursuivi la visite. Les deux petites filles étaient bien éduquées, polies, mais peu instruites. Leur niveau scolaire était très faible. Dans la conversation, la mère me dit qu'elle a aussi un fils. Je lui demande ce qu'il fait. Elle me dit qu'il étudie au

1. Le prénom a été modifié. Entretien du 18 décembre 2020.

Maroc en section sportive surf. C'est clair que garçons et filles ne reçoivent pas la même éducation.» Aucune statistique, mais le ressenti des inspecteurs est qu'il y a plus de filles musulmanes scolarisées à la maison que de garçons.

«Une autre fois, poursuit Franck A., je contrôle une famille dont le fils de 12 ans avait brusquement quitté le collège pour suivre l'école à la maison. C'est le père qui m'accueille. Il me propose un café que j'accepte. Là, il se dirige vers la porte de ce qui doit être la cuisine, l'entrouvre et crie : "Un café !" Ma collègue et moi étions choqués mais on ne pouvait rien dire. Cinq minutes plus tard, une femme entièrement voilée apparaît. Elle est venue déposer les cafés et a disparu. Elle marchait en nous tournant le dos, je n'ai pas pu voir son visage. Nous sommes passés à l'échange avec son fils, Abdeljalil[2], un enfant surprenant d'un excellent niveau et d'une grande culture. J'ai demandé au père pourquoi son fils avait quitté le collège. Il m'a répondu qu'il n'était pas à l'aise, qu'il n'aimait pas l'ambiance, qu'il avait été embêté. Je lui ai rétorqué que c'était vraiment dommage, car on avait besoin d'enfants de ce niveau dans nos collèges. Je lui ai dit que j'allais en parler au proviseur, car il se trouve que je devais me rendre dans ce collège dans les jours qui suivaient. Comme promis, j'aborde le cas d'Abdeljalil. Et le proviseur me dit : "Il a repris l'école chez nous. Le soir même après votre passage, le père m'a appelé pour réinscrire son fils." Je considère que c'est un beau succès. Le problème, c'était le

2. Le prénom a été modifié.

père... Vu comment il traitait sa femme, je soupçonne que le fils ne voulait pas laisser sa mère seule à la maison sous l'emprise de son père. Mais ça, ce n'est pas de notre compétence... »

Une autre source ayant eu accès à des données nationales sur l'évaluation à domicile rapporte en revanche les problèmes rencontrés lors de contrôles. « Même s'ils se déroulent le plus souvent dans un climat serein, les difficultés pour fixer une date d'entretien, pour apaiser les réticences des parents et entrer directement en discussion avec l'enfant instruit à domicile sont fréquentes et en nette augmentation. Dans certaines académies, des familles ont une tendance à développer une attitude procédurière. Même si l'hostilité déclarée au principe du contrôle demeure marginale, à Strasbourg, l'académie a relevé des signes de radicalisation très visibles, notamment par les tenues vestimentaires des parents et des enfants, et des fortes résistances dans le premier degré, les représentants de l'institution étant parfois suspectés d'islamophobie. En retour, des tentatives d'obstruction à la procédure de contrôle sont orchestrées : par exemple, des personnes étrangères à la famille sont là au moment du contrôle ou les familles reçoivent des conseils pour vérifier que le formalisme juridique soit scrupuleusement respecté. »

Amélie Puzenat, maîtresse de conférences au laboratoire ESO de l'Université catholique de l'Ouest, à Angers, est l'une des rares chercheuses à avoir travaillé sur cette question de l'école à la maison dans les familles musulmanes. Elle a décliné notre proposition d'interview[3], nous renvoyant à son article « L'instruction en famille : les familles musulmanes représentent-elles un cas spécifique ? » publié sur le site du Centre de recherche internationale de Sciences Po Paris[4] que nous reproduisons partiellement ici.

« Si l'inquiétude des autorités publiques porte principalement sur les enfants instruits en famille pour motifs religieux, et si les circulaires (nº 2017-056) et comptes rendus ministériels mentionnent généralement le terme de "dérives sectaires", il n'est jamais fait état explicitement des familles musulmanes. Pourtant, il semblerait qu'une des préoccupations majeures des autorités publiques porte sur ces familles dont on connaît objectivement peu de choses. Concernant l'instruction en famille, la question de l'islam apparaît alors principalement liée au risque de radicalisation. Les plans nationaux successifs de prévention de la radicalisation, en 2016, puis en 2018, pointent en effet du doigt les établissements d'enseignement hors contrat ainsi que l'instruction en famille. Cependant, aucune enquête ne permet de dire dans quelle proportion l'instruction en famille concerne les familles musulmanes ni quel type de familles musulmanes elle concerne réellement. Par ailleurs, au vu du nombre de témoignages en augmentation sur Internet au sein de familles catholiques, il semblerait que les familles musulmanes ne soient pas les seules familles observantes à avoir recours

3. Échanges en avril 2020.

4. www.sciencespo.fr/ceri/fr/oir/l-instruction-en-famille-les-familles-musulmanes-representent-elles-un-cas-specifique

à l'instruction en famille. D'après une analyse des éléments tirés de mon terrain de thèse et de propos plus récents publiés sur différents blogs de mères de famille musulmanes, les discours des familles musulmanes s'inscrivent dans la lignée des discours circulant sur l'IEF valorisant le respect du rythme de l'enfant, son épanouissement et sa réussite. Les familles soulignent une meilleure transmission des valeurs religieuses, où instruction et éducation religieuse s'accordent. Si elles expliquent leur choix par les besoins de l'enfant, les causes sont plurielles. Elles sont certes religieuses, mais aussi professionnelles, résidentielles et pédagogiques. La violence scolaire au sein des quartiers de résidence, l'appréhension ou le refus de l'école sécularisée ainsi que la volonté de rompre avec les temporalités dominantes motivent le choix de ces femmes. Ce choix pédagogique s'insère dans un projet éducatif plus large qui repense la place accordée aux valeurs transmises et mêle idéologies progressistes sur la place de l'enfant au sein de la famille, et idéologies plus conservatrices sur la place des femmes au sein de la famille. Ces nouvelles combinaisons idéologiques alliant épanouissement de l'enfant, promotion de la décroissance, réflexion autour de la place du travail dans nos sociétés et conservatisme religieux sont particulièrement visibles chez les femmes françaises converties à l'islam. Ce phénomène traduit à la fois une individualisation des pratiques éducatives, un évitement des formes d'apprentissage classiques perçues comme désuètes, et plus largement un refus de l'espace scolaire perçu comme insécurisant à différents titres. En raison des formes de violences réelles ou symboliques qui s'y exercent, il est généralement décrit comme un lieu où se cumulent les "dérives" juvéniles et où circulent des valeurs et pratiques dominantes, issues du groupe majoritaire, en contradiction avec le projet éducatif de ces familles. Dans un contexte où le groupe se trouve minorisé, l'instruction en famille redéfinit le rôle éducatif détenu par les parents, le foyer se présentant comme un lieu "rassurant" d'apprentissage parmi d'autres. Toutefois, hormis la situation minorisée dans laquelle elles se trouvent, à de nombreux égards, il semblerait que les motivations de ces familles ne se distinguent pas tellement de celles mises en avant par les familles non musulmanes. La question de savoir dans quelle mesure ces familles, généralement soumises à une plus forte suspicion de la part des autorités publiques, constituent un profil relativement spécifique reste ouverte et demanderait d'être renseignée par des études empiriques plus précises.»

«La réalité, c'est que l'instruction en famille n'est pas une caractéristique du séparatisme musulman, mais d'un séparatisme bobo», analyse un inspecteur sous couvert de l'anonymat. Les propos des inspecteurs que nous avons interviewés le montrent : les familles musulmanes radicalisées qui choisissent l'école à la maison sont une poignée et la grande majorité des foyers qui font ce choix ne le font pas pour des raisons religieuses. Ils recherchent des pédagogies innovantes, voire un nouveau modèle de société plus centré sur l'homme et l'écologie. Son collègue

Franck A. confirme : « On voit que les autorités cherchent à nous faire dire que l'instruction en famille est destinée aux filles et aux personnes très religieuses. Mais dans les faits, c'est majoritairement loin d'être le cas. » Entre un projet de loi à visée largement politicienne et la réalité, il y a souvent un gouffre. Monter en épingle une menace faible, et contre laquelle il existe déjà suffisamment de lois et de décrets pour ce qui est de la surveillance de l'école à la maison (voir chapitre « Le contrôle de l'école à la maison »), est une stratégie délibérée : il s'agit pour le gouvernement d'occuper le terrain à droite, d'imposer cette petite musique sur la menace islamique, et de chasser sur les terres du Rassemblement national dans l'optique de la présidentielle de 2022. La manœuvre est d'autant plus aisée que les personnes de terrain qui pourraient les contredire n'ont, eux, pas la parole. Les inspecteurs d'académie sont soumis au devoir de réserve. Ceux qui ont osé nous parler de ce sujet très sensible l'ont fait sous couvert de l'anonymat. Nous ne sommes pas non plus naïfs : même si l'école à la maison ne concerne qu'une petite minorité de familles radicalisées, il y a de réelles raisons de s'inquiéter, comme nous allons le voir dans le chapitre suivant. Et tout n'est pas non plus à jeter dans le volet éducation de la loi séparatisme : comme nous le verrons dans la seconde partie, elle a son utilité dans la régulation des écoles hors contrat.

5
Les salafistes s'invitent à domicile

Dans cette nébuleuse hétéroclite que recouvre l'instruction en famille, nous avons été alertés fin 2019 par une source haut placée au ministère de l'Intérieur de l'émergence depuis quelques années d'écoles en ligne salafistes : «Au niveau politique, personne ne s'y intéresse, pourtant le phénomène devient croissant. Vous devriez enquêter là-dessus.» Intrigués, nous commençons à chercher – c'est même, comme nous l'avons expliqué dans l'introduction, le point de départ de ce livre. Ces «écoles» clandestines – en réalité des entreprises destinées à l'enseignement par correspondance – échappent complètement aux radars de l'Éducation nationale : aucun regard, aucun contrôle possible sur les contenus qu'elles diffusent. Nous en avons identifié près d'une dizaine : L'académie du muslim, Amana Ecole en ligne, Ève Éducation, Ief Al Minhaj, Apprends-moi Ummi, Oummi-académie, Madrassa LMDE, Muslim parents académie... Puisqu'elles relèvent du statut d'une entreprise, nous nous rendons sur le site Société.com afin d'en savoir plus. Et là, surprise : tout est incroyablement opaque. Les numéros de téléphone indiqués ne sont pas attribués. Les adresses ne sont dans la plupart des cas que des boîtes aux lettres. Nous passons plusieurs jours à tenter d'identifier le peu de noms que nous retrouvons. Et nous perdons du temps : nous ne parvenons pas à remonter jusqu'aux structures elles-mêmes. Jusqu'à ce que nous ayons l'idée de contacter un ancien hackeur à qui nous expliquons les problèmes que nous rencontrons. Il prend toutes les infos et promet de nous recontacter dès qu'il a quelque chose. De notre côté, comment avancer ? Assez vite il nous apparaît que pour nous procurer le contenu des cours proposés, il faut que moi, Anna, je me fasse passer – de nouveau[1] – pour ce que je ne suis pas. Créer un compte sur Facebook, là où ces prétendues écoles démarchent, et entrer dans la peau d'une mère qui souhaiterait déscolariser son enfant pour des raisons religieuses. L'école en ligne musulmane est supposée recréer à distance les conditions d'un cours en salle de classe en reproduisant le schéma classique d'une école physique sous format numérique, intégrant des cours en web-présentiel et des exercices interactifs. Le professeur réunit ses élèves en ligne pour dispenser son cours et tout le monde interagit. Si tout est identique à l'enseignement physique, quid des familles qui ont opté pour ce choix ? Est-ce par défiance envers les valeurs républicaines ou par communautarisme religieux ? Il m'importe peu de

1. Voir Anna Erelle, *Dans la peau d'une djihadiste*, Paris, Robert Laffont, 2015.

savoir comment est dispensée l'éducation religieuse – cette dernière est légale –, mais plutôt de découvrir si elle interfère avec le respect des connaissances obligatoires du socle commun français. Cette fois, mon pseudonyme numérique est Lila. Mon prénom précède plusieurs colombes, et je prends soin d'indiquer que ce compte n'accepte pas les hommes. Dans un premier temps, je tape dans la barre de recherche des prénoms commençant par «oum», qui signifie maman en arabe. Il faut que je me constitue une liste d'amies cohérente avec ce que je suis venue chercher. Puis je m'abonne aux «écoles» d'obédience wahhabites et/ou salafistes que j'ai repérées à travers ces quelques profils féminins. Les couleurs y sont acidulées. Beaucoup de vidéos à destination des parents sont postées, ainsi que des témoignages de satisfaction. Les posts regroupent des conseils et astuces quant à l'apprentissage scolaire. Certains relatent des expériences vécues faisant l'éloge de l'instruction en famille. Les administratrices de la page répondent rapidement aux nombreux commentaires. Je n'y vois aucun prosélytisme religieux, juste des mères investies dans l'éducation de leurs enfants. En quelques heures, de nouveaux profils acceptent mes «demandes d'amies» et me voilà avec une vingtaine de femmes, qui elles aussi ne montrent pas leur visage et refusent les hommes. On m'ajoute d'ailleurs à tout un tas de groupes. Les demandes d'hommes s'accumulent, parfois accompagnées d'un petit mail : *Salam Lila, j'aime beaucoup que tu n'acceptes pas les hommes. Tu es pieuse ? Veux-tu discuter ?* Je refuse. Ça ne m'intéresse pas, puisque tous les profils d'enseignement semblent ne s'adresser qu'aux femmes. Selon les algorithmes, Facebook me recommande des pages en lien avec les gens auxquels je m'abonne et réciproquement. Beaucoup sont consacrées à la cuisine, à l'entretien de la maison, mais aussi à de nombreuses formations «exclusivement féminines à réaliser de chez soi». Déjà ces indications annoncent la couleur du genre de vie que mènent ces femmes. Plus étonnant, l'algorithme me renvoie également sur de très nombreux forums polygames. Par curiosité je jette un coup d'œil et ce que je lis me fait bondir. «Je cherche une troisième femme pour mon mari. Il est pieux, travailleur et c'est un bon papa. Il n'a pas de critère physique, il cherche simplement une femme religieuse ou désireuse de le devenir, qui aime les enfants mais n'aime pas trop sortir.» Le pire, c'est qu'il y a un tas de réponses et des dizaines de posts du même acabit. Bref – revenons à l'école à la maison... Sur le compte «Au bonheur des mamans», qui est associé à l'école Oummie-académie, j'écris être désireuse de sortir mes deux enfants du cursus de l'enseignement classique et rechercher pour cela le témoignage de mères dans mon cas qui ont franchi le pas. Je précise ma crainte de ne pas être à la hauteur pour dispenser les cours. Rapidement, les réponses s'accumulent. On me parle gentiment, et je ressens beaucoup de solidarité. Et, je dois le reconnaître, il se dégage une vraie sérénité des explications de mes nouvelles copines. À l'unisson elles me déclarent avoir été très stressées par l'école traditionnelle. Certaines à cause de la quantité des devoirs à la maison, d'autres à cause de la multiplication des rendez-vous entre parents et professeurs. Beaucoup insistent sur la relation avec leurs enfants, qui a totalement évolué. Oum Myriam, par exemple, écrit : « Avant, *Astagh firu Allah* (que Dieu me pardonne), ce n'était pas toujours un plaisir de retrouver mes enfants après l'école. Ils étaient surexcités, ne voulaient pas réviser leurs leçons et me parlaient mal. J'étais en permanence sur les nerfs et je m'énervais sur eux. Et puis le matin, c'était tout un cirque pour les lever et les préparer. Aujourd'hui, mon cœur est apaisé. Je rigole avec eux, on se fait des câlins et surtout on ne s'énerve plus jamais. » De mon enfance, je n'ai pas souvenir d'autant d'enthousiasme lorsqu'il était question d'apprentissage... J'interroge Oum Myriam : « Si les devoirs te stressaient, comment fais-tu pour ne plus l'être alors que justement tu es dans les leçons toute la journée ? – Mais ça n'a rien à voir », me répond-elle avec une ribambelle de smileys qui pleurent de rire : « Déjà, ils se lèvent à l'heure qu'ils veulent selon leur besoin de sommeil, donc ils ne sont pas grognons le matin. Ils ont le temps de prendre le temps. Après un long petit déjeuner, on s'y met. Avec maman, ils savent que c'est moins strict qu'avec la maîtresse, mais en même temps ils veulent me rendre fière en étant de bons élèves. Ils sont bien plus concentrés qu'à l'école ! Et surtout plus de boule au ventre pour moi ! » Ind, une autre mère, intervient : « C'est du temps de qualité passé avec ses enfants, je savoure chaque instant alors qu'avant c'était des pleurs et des colères non-stop. » J'insiste : « Mais en quelle classe sont vos enfants pour que vous soyez capables de leur dispenser parfaitement les cours ? Et quid des récréations et de la sociabilité avec les autres enfants ?» Oum Myriam reprend la main : « Justement, on réapprend en même temps qu'eux, et on est très aidées par les tutos des écoles en ligne. Ils sont très clairs. Il y a ceux qui ne s'adressent qu'aux enfants, ceux qui ne s'adressent qu'aux parents et ceux pour toute la famille.» Ni Myriam ni Ind ne me répondent sur la question de la socialisation.

Après ces premiers contacts avec des mères, j'écris aux écoles, pour exprimer ma peur de ne pas être à la hauteur dans mon rôle de professeur. D'abord à Amana, qui se décrit comme « un établissement privé en ligne qui accompagne les enfants instruits en famille ». La plupart de leurs posts débattent de l'épanouissement des enfants. Très vite, j'obtiens comme réponse que 100 % des mères sont satisfaites, sans plus de précisions. Ah bon ? C'est l'Ifop qui a réalisé le sondage ? Je me tourne alors vers Ève Éducation dont la présentation me pose question : « Ève Éducation est le premier établissement musulman privé en ligne qui accompagne vos enfants de la grande section jusqu'à la terminale, avec un taux de réussite au baccalauréat de 100 %.» 100 % de réussite ? Mais combien de leurs élèves ont passé le bac ? Ève Éducation est-elle en mesure d'indiquer ce chiffre-là ? Je ne trouve aucune publication concernant « les grands ». Tout semble à destination des petits et des parents de jeunes enfants. J'envoie un message. L'école me fait cette réponse surprenante : elle se réclame de la pédagogie Montessori, et assure que ses professeurs y ont été formés. Mais les réponses restent floues, et on me renvoie systématiquement vers « la responsable pédagogique », à joindre sur WhatsApp. Cette dernière ne m'a jamais répondu. En creusant, je découvre qu'Ève Éducation, comme Élite enseignement, s'adressent notamment à des enfants français. Sur son site web, elle est domiciliée aux Émirats arabes unis, mais son formulaire de recrutement pointe vers une autre adresse, l'école virtuelle d'enseignement Tratil Hawa, en Arabie saoudite. Ces deux cas illustrent la volonté de ce pays d'infiltrer l'islam wahhabite dans la société française.

De tous les côtés, on veut me vendre un mois d'essai, sans vraiment m'indiquer le prix global d'une année. J'ai l'impression d'être en face d'un conseiller SFR qui sort tous ses arguments sans que je puisse en placer une. « Vous comprendrez en pratiquant. » Sûrement, mais avant de faire le choix de déscolariser ma progéniture, je préférerais savoir dans quoi je me lance... Et surtout dans quoi je projette mes enfants... « *Bism allah alqadir* (au nom du Tout-Puissant), faites-nous confiance, vous ne serez pas déçue. » La foi du charbonnier, quoi.

Les semaines et les discussions passent, mes abonnés augmentent. J'écris à chacune des mères. Je n'obtiens pas toujours de réponse. Parfois, cela m'énerve tellement que je « trolle » les discussions publiques sur les pages abonnés en demandant pourquoi on ne parle jamais des pères. Un après-midi, je lis une réponse si triste que je n'ai plus jamais reposé la question : « Ma sœur, si les papas se mettent à l'instruction des petits, qu'est-ce qu'il va rester aux femmes ? » Dans ce monde numérique qui est l'écho d'une authentique réalité, les hommes sont absents.

Du moins les pères, car d'un autre côté les messages privés d'hommes s'accumulent dans mes spams. Quand je referme l'ordinateur et donc quand je quitte l'identité de Lila, je me sens vide et vidée. À chacun sa façon de vivre, ce n'est pas la religion que je condamne mais ce mode de vie, de penser. J'imagine les enfants grandir dans cette idéologie, et ça me serre le cœur. Mais finalement, ce sont ces mères de famille qui me font le plus de peine. Quand les enfants sont couchés et que leur mari dort avec sa nouvelle épouse, qu'est-ce qui leur reste? Mais, encore une fois, je m'écarte de notre sujet... En continuant d'éplucher les profils des établissements en ligne, je découvre sur le site d'Ève Éducation que sur leurs fiches conseils qui servent de tutos, les visages ne sont pas représentés. C'est-à-dire qu'on distingue l'ovale du visage, mais les yeux, la bouche et le nez ne sont pas dessinés. Comme le veut la doctrine de certains courants radicaux, les êtres vivants n'ont pas le droit d'être représentés. La plupart des musulmans n'appliquent pas ce précepte, mais les courants wahhabites et salafistes y sont très attachés. Du coup, je leur demande de quel courant religieux ils se revendiquent. « Notre enseignement du Coran et de la Sunnah suit la compréhension des Pieux Prédécesseurs », me répondent-ils. Les « Pieux Prédécesseurs » désignent les trois premières générations de l'islam. Ces salafistes se revendiquent de leur interprétation de l'islam. Ève Éducation propose deux types d'inscription. Un cursus classique dont les frais varient en fonction du niveau : de 810 à 1 080 euros à l'année pour le primaire, de 990 à 1 790 euros à l'année pour le collège et lycée. Le double cursus coûte de 1521 euros au CP à 2400 euros en terminale. À l'enseignement, décrit ici comme respectant le socle de connaissances et de compétences communes obligatoire, s'ajoutent des cours de Coran, de langues et de « sciences religieuses de l'Arabie saoudite combinés au programme général français de l'Éducation nationale. Le programme religieux est élaboré et validé par le ministère des Affaires religieuses présidé par Sheikh Salih Al Sheikh. » Est-ce qu'en Hexagone, le ministre des Affaires étrangères ou celui de l'Éducation nationale ont connaissance que l'un de leurs homologues saoudiens supervise un programme scolaire français ? Ève Éducation, dont l'adresse pointe aux Émirats arabes unis, est donc proche de l'idéologie wahhabite. Sur leur site internet, on peut apercevoir des photos du bas des visages des enfants. Les filles portent le voile. Les profils des mères qui laissent des commentaires de satisfaction montrent juste un ovale de visage féminin arborant le hidjab. Les horaires sont indiqués comme suit : « Les cours ont lieu les après-midi, du dimanche au jeudi, afin de laisser le vendredi [jour de la prière] libre. Le calendrier des vacances scolaires suit le calendrier musulman. » Plus bas : « Un établissement d'enseignement français conforme aux principes musulmans, vous en rêviez ? Nous l'avons fait. » Une école qui reprend le célèbre slogan d'une multinationale japonaise, ça ne m'inspire pas beaucoup. Que penser de tout cela ? Jusqu'à quel point le courant religieux saoudien, dont le pays est régi par les lois de la charia, et nos valeurs républicaines peuvent-ils se mélanger ?

Ne serait-ce qu'en sciences, qu'en est-il de la création du monde, de la place de Dieu ?

Dans la foulée, je contacte directement Oum Bienveillante, une maman avec qui je parle régulièrement, afin de lui demander si les cours d'Ève Éducation, et ceux des autres écoles d'ailleurs, dispensés par visioconférence, sont mixtes : « Bien sûr que non ! On ne retire pas les enfants des écoles *haram* [interdites] où ils sont tous mélangés pour refaire pareil ! » Mais ça ne compte pas vraiment, puisque les enfants ne se côtoient que par vidéo, je lui rétorque. Devant sa réponse – « Tu es bizarre de voir les choses ainsi » –, je ne poursuis pas la discussion. Je ne voudrais pas que ma couverture s'effondre, d'autant que j'ai désormais plus d'une centaine d'amies et que je consacre mes journées à ce sujet depuis deux mois. Justement, Oum Monia, avec qui j'échange depuis deux semaines, tente de m'appeler via Messenger. Je ne décroche pas mais lui écris aussitôt. Très vite, j'évoque la mixité, ou plutôt la non-mixité. J'aime bien Monia, elle est intelligente et aussi rigolote que nonchalante. Un peu extrême par moments, mais ça ne me dérange pas puisqu'elle est très franche. « Quelle horreur, la mixité », m'écrit-elle, en appuyant sa phrase d'une dizaine de smileys qui vomissent. « Ça me dégoûte presque autant que les non-musulmans. » Euh... sa réponse m'étonne, je lui rentre un peu dedans, en prenant garde de ne pas me griller : « *Oukty* (Ma sœur), je ne t'imaginais pas comme ça... Moi aussi je préfère être entourée de musulmans, mais je ne déteste pas les Croisés... » Aussitôt je reçois une salve d'emojis de bonshommes qui rigolent : « Mais moi non plus, Oukty, je ne déteste pas les Croisés ! J'ai des copines qui sont chrétiennes et je les aime, mais pour mes enfants, ce que j'ai de plus précieux, la chair de ma chair, il n'est pas question que ce soit des profs non musulmans qui les instruisent ! Quelle horreur ! » Toujours dans le personnage de Lila, je lui explique que mes enfants étaient jusqu'à présent scolarisés dans une école publique mais prenaient des cours de Coran à côté, dispensés par des religieux. S'ensuit une discussion surréaliste.

« Ah bon ? Tu as une fille, non ?

— Oui, une fille et un garçon.

— Et que ce soient des hommes qui enseignent à ta fille, ça ne te pose pas de problème ?

— Mais enfin, ma fille a 3 ans ! On lui apprend à assembler des cubes, ce ne sont pas des cours d'éducation sexuelle !

— Beurk ! Tu fais ce que tu veux, Oukty, mais moi je ne pourrais pas ! Ma fille ne côtoie que son père, ses frères et les hommes de la famille.

— Elle n'a pas de copains ?

— Si, elle a des copines.

— Mais pas de copains ?

— Et puis quoi encore ! Oukty, ta fille a des amis garçons ?

— Bah oui…

— *Starfoullah* (Que Dieu te garde), préserve-la de ce monde pourri et corrompu !

— Les petits garçons de 3 ans sont corrompus selon toi ?

— S'ils ne sont pas musulmans, oui. Tu sais comment je pense, chacun vit comme il l'entend, pour moi et les miens on préfère évoluer dans un milieu communautaire qui nous ressemble. Dans l'ancienne école de ma fille, il n'y avait que des enseignantes femmes.

— Pourquoi tu l'as enlevée alors ?

— Parce que je ne veux pas qu'elle soit polluée avec les théories du genre. Avec l'école à la maison, ils enlèvent tout ça et aussi tout ce qui est *haram.* »

J'imagine ce qu'elle qualifie d'*haram*, mais je demande tout de même.

« Bah tu sais, parler des origines du monde, des théories scientifiques, etc. Moi je suis salafiste, Al Hamdulilah, je regarde le plus important : la non-mixité, pas de contacts avec les non-musulmans, pareil pour les profs... Le reste m'importe peu tant qu'il n'y a pas de *haram*... »

Pour les islamistes les plus radicaux, islam salafiste et école républicaine sont incompatibles. L'ancien inspecteur général de l'Éducation nationale Jean-Pierre Obin, qui en septembre dernier publiait une enquête sur l'islamisme à l'école[2], y relate des faits qui malheureusement ne se résument pas à des anecdotes : « Une mère voilée venue protester de manière véhémente parce que l'institutrice avait dit à son fils qu'il avait fait des "cochonneries" sur son cahier [...]. Un groupe de mères voilées exigent que les enfants musulmans ne soient plus contraints d'écouter ou de lire le conte des *Trois Petits Cochons* : l'imam leur a

2. Jean-Pierre Obin, *Comment on a laissé l'islamisme pénétrer l'école*, Paris, Hermann, 2020.

expliqué que les cochons ne construisent pas de maisons et [que les enfants] n'ont pas à s'identifier à des porcs. » D'après l'auteur, avec qui nous nous sommes entretenus[3], ces comportements, loin d'être isolés, ont favorisé l'explosion de l'instruction en famille d'obédience salafiste, un courant religieux qui n'aime pas se mélanger, contrairement aux Frères musulmans qui cherchent à occuper des postes clés dans la société. Combien de foyers, comme l'évoque Jean-Pierre Obin, se sont tournés vers cet entre-soi pour des raisons religieuses ? Il est très difficile, voire impossible, de quantifier ce phénomène et donc d'évaluer précisément l'influence de ces « écoles » en ligne qui lui a embrayé le pas. Traditionnellement, les familles optaient pour le Centre national d'enseignement à distance (CNED) comme support à leur enseignement, mais comme l'explique une note datée de 2019 de la commission d'enquête du Sénat[4], « le nombre d'enfants instruits à domicile hors CNED explose : + 275 % en dix ans, dont + 37 % entre 2016 et 2018. Dix ans auparavant, le nombre d'enfants instruits à domicile hors CNED représentait à peine un quart des élèves scolarisés à la maison. Désormais ils atteignent 53 %, soit la majorité. » Quels sont les profils de ces 53 %, et surtout où se forment-ils ? Quelle est la part de foyers radicalisés ? Une réponse qu'une conseillère de Jean-Michel Blanquer a été incapable de nous livrer. « L'Éducation nationale n'a pas la

3. Entretien du 22 septembre 2020.

4. Rapport n° 595 (2019-2020) de Mme Jacqueline Eustache-Brinio, fait au nom de la commission d'enquête, déposé le 7 juillet 2020.

main sur ce volet nébuleux de l'IEF. Notre législation est insuffisante... » C'est encourageant. Cette proche collaboratrice du ministre me donnera quasiment la même explication à chaque fois que je l'interrogerai. Comment donc estimer le nombre d'élèves ou de mères coachées par ces sites ? Dans un article du site Muslimette magazine, Madrassa LMDE revendique plus de 2000 femmes formées. Nous nous tournons alors vers le ministère de l'Intérieur, mais nous nous heurtons à un mur de silence, Jacques et moi. Le rapport du Sénat esquisse toutefois quelques débuts de réponses. La commission d'enquête tente d'y cerner si la défiance vis-à-vis de l'école physique est uniquement pédagogique, ou si elle est également idéologique. Elle craint que le rejet des contenus d'instruction ne traduise un rejet des valeurs républicaines. Et constate une hausse de 29,3 % des inscriptions en 2018-2019 par rapport à la rentrée scolaire précédente. Dans le Val-d'Oise, par exemple, 325 élèves étaient en instruction à domicile en 2019, contre près de 600 en 2020, soit une augmentation de plus de 81 %. Combien de foyers musulmans sont concernés par ces chiffres ? Aucune étude n'existe quant à la proportion de familles musulmanes à l'intérieur de l'IEF. Le rapport sénatorial ne donne pas de chiffres et l'Éducation nationale ne connaît pas le nombre d'enfants scolarisés dans cet enseignement parallèle dont on peut soupçonner pour une bonne part l'appartenance au salafisme...

La première école en ligne musulmane a vu le jour en 2015, « Mon apprentissage », devenue ensuite

« L'académie du muslim ». Je trouve très peu d'informations dessus. C'est à ce moment-là que notre hackeur reprend contact avec nous, et nous ne sommes pas au bout de nos surprises. La société qui héberge L'académie du muslim se décrit sur son compte Twitter comme « une plateforme en ligne d'enseignement et d'aide aux devoirs en conformité au Noble Coran et à la Sunna authentique ». Le profil Mon apprentissage renvoie sur les prêches du compte crypté Telegram de Souleyman Al Gwadeloupi. Un nom pas si anonyme… Ce Guadeloupéen de 40 ans, converti à l'islam, a étudié au Caire en Égypte, puis à Médine en Arabie saoudite, où il a appris les sciences religieuses. Il prêche un wahhabisme strict inspiré du Cheikh Rabi Al Madkhali, figure mondiale de l'islam radical. Mais il n'y a pas que ça : Dans *Le Grand Abandon*, le journaliste Yves Mamon écrit qu'Al Gwadeloupi aurait pour mentor religieux l'oncle d'un terroriste de Daech[5], tristement célèbre pour la tuerie qu'il a perpétrée au musée juif de Bruxelles en 2014 : Mehdi Nemmouche. Amar Nemmouche, imam salafiste radical à la notoriété conséquente, est fiché S et identifié par les autorités comme agent recruteur des djihadistes. Son nom ressort dans de nombreux dossiers sur les filières de combattants français et belges envoyés en zone irako-syrienne. Il a toujours soutenu son neveu et ses actes terroristes. Nous tombons des nues.

5. Yves Mamou, *Le Grand Abandon : Les élites françaises et l'islamisme*, L'Artilleur, 2018.

Aucune des mères avec lesquelles je discute n'a inscrit ses enfants à L'académie du muslim. La plateforme Apprends-moi Ummi est l'une des plus prisées. Difficile aussi de savoir qui se cache derrière ce site. La gérante se fait appeler Céline ou Oum Nour. Convertie à l'islam, cette mère de famille très discrète se présente comme « assistante maternelle agréée formée à la pédagogie Montessori ». Elle anime aussi Umma Academy, un site dédié aux mères qui prodigue des conseils extra-scolaires et dispense des tutos, notamment sur les devoirs. Les mentions légales du site ummacademy.fr précisent qu'il est édité par Les Éditions Nour. Seulement, l'éditeur n'existe pas au registre des sociétés. On ne trouve aucune adresse ni téléphone sur le site. Umma Academy n'est pas la seule à avancer masquée : l'opacité sur l'animateur réel de ces plateformes d'enseignement est souvent entretenue. Mais l'inspiration salafiste n'est pas cachée. À la rubrique des liens utiles, on trouve un renvoi vers le site As Salafiyat du Monde, qui se veut « un lieu d'apprentissage islamique suivant la compréhension des Pieux Prédécesseurs ». Cet ancrage dans l'islam rigoriste se ressent aussi dans les cours. La plupart des formations proposées sont conformes au programme officiel de l'Éducation nationale, à quelques détails près… « On évite de trop s'attarder sur la théorie du Big Bang, me raconte par exemple Asma, une autre mère. C'est bien de l'apprendre une fois pour ne plus y faire référence et passer à la vérité. » Dans la rubrique « Enseignements religieux », on trouve parmi 40 invocations à apprendre aux enfants avec le logo de Apprends-moi Ummi : « Seigneur, arme-nous de patience, affermis nos pas et donne-nous la victoire sur ce peuple infidèle ! » « Le peuple infidèle » ? Les Français ? Les Croisés ? Pourquoi parler de victoire ?

L'Éducation nationale est-elle au courant des contenus diffusés sur ces sites ? Pour la quinzième fois, je contacte le ministère de Jean-Michel Blanquer. Et pour la quinzième fois, au bout du fil ça bégaye. Les interlocuteurs ne sont pas toujours les mêmes, et de ce fait leurs réponses oscillent entre hésitation et aveu d'échec. On pointe du doigt tout ce que le président et son ministre ont ou auraient entrepris comme réformes, mais jamais on ne répond clairement. Vous avez dit langue de bois ? Quand je demande à une collaboratrice du ministre de me recenser le nombre d'élèves inscrits à l'école à la maison, elle me répond : « Je ne peux pas vous le dire ! C'est comme si vous me demandiez le nombre de migrants en France, on ne le sait pas, on ne peut pas contrôler ! » Ah... La réponse tout comme la comparaison sont très « limites ». Surtout très inquiétantes. Tout au long de cette enquête, nous contacterons de très nombreuses fois ce ministère, à propos de diverses écoles d'horizons différents, et quasi systématiquement nous nous heurterons à une absence de réponse. Nous nous tournons alors vers d'anciens ministres de l'Éducation nationale. Najat Vallaud-Belkacem semble sincère en nous affirmant : « Je vous avoue qu'on n'a pas été confrontés à ce phénomène numérique... Si on l'avait repéré, mes conseillers m'auraient alertée[6]. » Même son de cloche à l'Assemblée : « On n'avait pas du tout vu ça..., s'inquiète l'ancienne députée George Pau-Langevin. Lors de notre mission, on s'est intéressés aux écoles hors contrat, pas à Internet. Quels citoyens ça va faire demain[7] ? »

Au terme de l'enquête, j'entame une dernière conversation sous l'identité de Lila. En vérité c'est Asma qui engage le dialogue et me demande si j'ai pris une décision concernant « l'avenir » de mes enfants. Prosélyte, Asma semble détenir des parts dans ce business puisqu'elle me relance en permanence à ce sujet, voire me fait la leçon devant mon indécision. « Tu fais comme tu veux mais moi je suis salaf, je ne veux pas que mes enfants se familiarisent avec des fêtes comme Noël, les cadeaux au pied du sapin et autres traditions françaises qui ne sont pas dans nos valeurs. » C'est le droit d'Asma, qui vit dans un pays laïc.

Internet a engendré un infini champ des possibles pour tous ceux qui privilégient un mode d'apprentissage mêlant scolarité et religion. Les raisons peuvent être variées. Outre la volonté de voir le spirituel accompagner, voire diriger, le volet scolaire, la question de la sécurité de l'élève et des insécurités rencontrées à l'école physique ne se pose pas. Ensuite, l'islam, deuxième religion de France, ne représente que 4 % de l'enseignement privé et 8 %

6. Entretien du 20 juillet 2020.
7. Entretien du 22 juillet 2020.

de l'enseignement hors contrat. Autrement dit, il n'y a pas l'embarras du choix en matière d'établissements physiques musulmans. Ces deux raisons combinées ont favorisé l'émergence d'alternatives scolaires dans un univers numérique à la portée de tous. Tout le problème est là : n'importe qui peut créer une association et la nommer école en ligne. Les salafistes se sont engouffrés dans cette brèche, surfant sur la demande croissante de création d'une instruction française adaptée à l'islam. Conscients que la connaissance et la transmission à l'âge où l'on se construit passent par l'école, ils ont fait de cet enseignement un business parallèle, opaque, jouant avec les appellations juridiques pour assimiler leur rôle à celui d'une institution scolaire. C'est astucieux, il faut le reconnaître : implanter son prosélytisme au cœur de l'éducation des plus jeunes sous couvert de pallier un manque. Très profitable, le marché de l'islam rigoriste confère également un pouvoir certain à l'islam politique, en lui permettant de s'infiltrer pernicieusement au sein des foyers. Et le phénomène risque de ne pas pouvoir être endigué, puisque l'Éducation nationale, qui aurait légitimité à juger du contenu des cours, n'a pas le droit d'intervenir… Comme le souffle la conseillère du ministère de la rue de Grenelle, qui n'a cessé de nous répéter que la « législation est insuffisante » : « Nous ne pouvons intervenir que lorsqu'il s'agit d'écoles… Et ce ne sont pas des écoles… »

C'est sans doute ce constat alarmant qui motive le projet de restreindre très largement l'école à la maison dans la loi séparatisme. Mais comme nous allons le voir dans le contrôle de l'instruction en famille, des moyens existent déjà, y compris pour obliger les parents à remettre leur enfant à l'école en cas de manquements ou de dérives. Et la loi séparatisme ne permettra pas non plus de fermer ces structures commerciales sur Internet puisqu'elles ne sont pas officiellement des écoles.

6

Le contrôle de l'école à la maison

Qu'en est-il du contrôle de l'instruction en famille ? Comment s'organise-t-il, est-il suffisant ? Des parents peuvent-ils y échapper ?

En application de l'article L.131-5 du Code de l'éducation, les personnes responsables d'un enfant soumis à l'obligation scolaire définie à l'article L.131-1 doivent le faire inscrire dans un établissement d'enseignement public ou privé, ou bien déclarer au maire et à l'inspecteur d'académie, au directeur des services départementaux de l'Éducation nationale, qu'elles lui feront donner l'instruction dans la famille. Dans ce cas, nous l'avons dit, il est exigé une déclaration annuelle. Les mêmes formalités doivent être accomplies dans les huit jours qui suivent tout changement de résidence ou de choix d'instruction. Il incombe au maire d'établir de son côté la liste des enfants soumis à l'obligation scolaire sur le territoire de sa commune et de la transmettre à l'Inspection académique.

Une première enquête est alors conduite par les services de la mairie. Cette enquête est menée « uniquement aux fins d'établir quelles sont les raisons alléguées par les personnes responsables, et s'il [...] est donné [aux enfants] une instruction dans la mesure compatible avec leur état de santé et les conditions de vie de la famille[1] ». Elle ne porte pas sur la qualité de l'instruction dispensée, dont le contrôle relève du ministère de l'Éducation nationale. Elle n'est pas non plus une enquête sociale et peut donc être effectuée par des agents administratifs de la commune. Les résultats de l'enquête doivent ensuite être communiqués à l'inspection académique.

La loi prévoit aussi au moins un contrôle annuel par l'Éducation nationale, qui porte à la fois sur la réalité de l'instruction dispensée et sur les acquisitions de l'enfant et sa progression. Les dispositions de l'article L.131-10 du Code de l'éducation précisent que « l'autorité de l'État compétente en matière d'éducation doit [...] faire vérifier que l'enseignement assuré est conforme au droit de l'enfant à l'instruction tel qu'il est défini à l'article L. 131-1-1 » du même Code, lequel article précise que « le droit de l'enfant à l'instruction a pour objet de lui garantir, d'une part, l'acquisition des instruments fondamentaux du savoir, des connaissances de base, des éléments de la culture générale et, selon les choix, de la formation professionnelle et technique et, d'autre part, l'éducation lui permettant de développer sa personnalité, son sens moral et son esprit critique,

1. Article L.131-10 du Code de l'éducation.

d'élever son niveau de formation initiale et continue, de s'insérer dans la vie sociale et professionnelle, de partager les valeurs de la République et d'exercer sa citoyenneté ».

Mais ce contrôle est complexe. Ainsi une instruction interne cadrant les modalités d'inspection de l'école à la maison[2] précise : « Le contrôle n'a pas pour objet de vérifier que le niveau de l'enfant est équivalent à celui d'un enfant de même âge scolarisé, compte tenu de la liberté de choix laissée aux personnes responsables de l'enfant dans les méthodes pédagogiques et les modalités de l'apprentissage. L'évolution des acquisitions de l'enfant s'apprécie en fonction de la progression globale définie et mise en œuvre par les personnes responsables dans le cadre de leurs choix éducatifs tels qu'elles ont pu les présenter aux personnes chargées du contrôle et, après le premier contrôle, par rapport aux contrôles antérieurs, sans référence au niveau scolaire d'une classe d'un établissement d'enseignement public ou privé sous contrat. Le contrôle doit permettre de vérifier que l'instruction délivrée à l'enfant lui permet de progresser réellement vers l'acquisition des connaissances et compétences du socle commun. »

Yves Zarka a été inspecteur dans l'académie de Créteil avant de prendre sa retraite en 2018. Dans le cadre de ses fonctions, il a eu l'occasion d'effectuer des contrôles de l'instruction en famille, en Seine-Saint-Denis et dans le Val-de-Marne. « Le protocole

2. Document interne consulté par les auteurs.

alors en vigueur prévoyait que la famille soit convoquée dans un établissement scolaire proche de chez elle. La famille était reçue en général par deux inspecteurs, parfois un inspecteur et un professeur. Il était demandé d'apporter les cahiers de l'élève et d'autres travaux éventuels. Les enfants étaient le plus souvent des filles, mais il y avait aussi des garçons. Nous démarrions par une discussion informelle d'une dizaine de minutes, l'idée étant de mettre tout le monde à l'aise autant que possible et d'essayer de comprendre le contexte et le pourquoi du choix des parents. Ceux que j'ai rencontrés ont tous été coopératifs. Ensuite, nous invitions les parents, s'ils en étaient d'accord, à nous laisser avec le jeune. Dans un seul cas, les parents ont été réticents et sont allés se placer au fond de la salle. Nous regardions les cahiers, nous faisions avec le jeune le tour des matières du programme de son niveau de classe. Puis nous donnions des petits exercices de mathématiques et de français, un texte à lire, un document à commenter. On observait comment l'élève s'y prenait, puis on en discutait avec lui. Cette partie-là durait quarante-cinq minutes. À la fin, nous faisions revenir les parents pour faire un bilan et des recommandations, en présence du jeune. Le rapport écrit comportait deux parties : l'une était adressée conjointement à la famille et à l'autorité académique ; l'autre, destinée uniquement au rectorat et seulement si nécessaire, faisait état d'observations ou de dysfonctionnements constatés, de nos interrogations[3]. »

3. Entretien du 5 décembre 2020.

De cette expérience qui n'a pas dépassé la vingtaine d'élèves, il tire un bilan mitigé : « Une heure quinze minutes pour effectuer ce contrôle, c'est sans doute un peu court, mais pour qui en a l'habitude et en scolarité collège, cela permet quand même de cerner le profil de l'élève et d'apprécier son niveau de compétences. J'ai croisé de bons élèves, mais c'était rare. Nous préconisions régulièrement aux parents de réinscrire leur enfant dans un parcours classique. J'ai rencontré fréquemment des adolescentes voilées, sans que les parents motivent explicitement leur choix de l'IEF par des convictions religieuses. Les entretiens nous ont aussi permis de découvrir que des associations, sous couvert d'aide aux devoirs, réunissaient des enfants dans leurs locaux, sans que nous ayons pu savoir si elles fonctionnaient comme des écoles, dans ce cas non déclarées. »

Depuis 2018, l'Éducation nationale a fait le choix de privilégier l'inspection dans la famille pour mieux cerner l'environnement de l'élève. Mais la pratique reste très variable d'une académie à l'autre. Théoriquement, l'inspection annuelle est systématique, mais faute de personnel suffisant, nombre de familles ne sont pas inspectées annuellement.

Franck A. se rend ainsi régulièrement au domicile des familles. « Nous venons toujours par deux. Les contrôles se font sur trois périodes : fin décembre, fin mars et fin juin. En général, nous sommes vraiment bien accueillis. Ces contrôles ne sont jamais exempts d'arrière-pensées. Nos responsables nous demandent de dissuader de pratiquer l'école à la maison. Les consignes, c'est d'inscrire le plus souvent possible "rescolarisation souhaitable" comme avis à la fin.» L'Éducation nationale a toujours porté un regard critique sur ces familles qui prétendent au moins pour un temps se passer d'elle.

«Nous avons déjà tout ce qu'il faut dans la loi et les textes réglementaires pour contrôler les familles qui choisissent ce mode d'éducation, estime Paul Devin, le secrétaire-général du SNPI-FSU, le syndicat des inspecteurs de l'Éducation nationale[4]. On peut même contraindre une famille à inscrire son enfant dans une école si les conditions d'enseignement au domicile ne sont pas remplies[5].»

Un inspecteur général qui a travaillé sur ces questions est plus dubitatif : «Tout ça, c'est de la théorie. Allez dans certaines cités, dans des barres d'immeubles, avec des points de deal, des jeunes qui squattent... On n'y va pas. Le ministre peut dire qu'il veut des contrôles, sur le terrain c'est autre chose. L'affaire Paty a montré qu'il faut faire attention et prendre des gants. Nous sommes exposés, certains de mes collègues ont peur.»

Une des limites de ce mode de contrôle est que les vérifications à domicile sont très chronophages. Dans l'académie d'Aix-Marseille, par exemple, face à

4. Entretien du16 décembre 2020.

5. À l'issue de ce second contrôle, le bilan est notifié aux personnes responsables. Si les résultats du contrôle sont toujours insuffisants, les parents sont mis en demeure par l'IA-Dasen d'inscrire l'enfant, dans les quinze jours qui suivent la notification, dans un établissement d'enseignement public selon les règles habituelles d'inscription et d'affectation, ou dans un établissement d'enseignement privé de leur choix (article L. 131-10 du Code de l'éducation).

l'augmentation du nombre d'enfants scolarisés à domicile, le choix a été fait de regrouper les inspections dans des collèges proches du domicile des familles, comme avant, afin de pouvoir contrôler plusieurs enfants sur un même site lors d'une même journée. Une autre source de difficulté tient à l'insuffisance de documents pédagogiques permettant d'apprécier la réalité de l'instruction et sa pertinence à l'égard du socle commun. Il n'est pas rare non plus que les parents ne se présentent pas au contrôle. En 2016, l'académie de Grenoble a signalé qu'en 17 journées de contrôles sur les cinq départements de l'académie, seuls 166 enfants sur les 237 convoqués ont été rencontrés, soit seulement 70 %. Avant que cela ait des conséquences pour les familles, il peut s'écouler beaucoup de temps… Une nouvelle date d'inspection va être fixée, et si de nouveau la famille fait obstruction, le dossier est transmis au procureur, qui pourra ordonner une rescolarisation d'office.

Au terme de ce tour d'horizon, nous voyons bien que dans l'objectif de mettre un terme aux dérives éventuelles, le contrôle de l'instruction en famille souffre davantage d'un problème de moyens que d'un manque législatif ou réglementaire. Certes, la procédure prend du temps, on peut le déplorer. Mais quand on touche aux libertés individuelles, il est normal qu'il y ait des délais et des recours. L'arsenal juridique est déjà là, mais les ressources humaines ne suivent pas. Comme souvent.

7
La chasse aux élèves fantômes

La véritable inquiétude des autorités concerne les enfants qui disparaissent totalement des radars. Mathieu Hanotin est l'un des rares maires à avoir accepté de nous parler, sans langue de bois[1]. Élu maire PS de Saint-Denis en 2020, il s'est intéressé très vite à cette problématique de l'école à domicile. « Officiellement, nous avons 68 enfants dans ce cas sur 13 500 élèves, indique-t-il. C'est très peu, tellement peu que nous sommes certains que des enfants n'apparaissent nulle part. Les parents ne font pas la déclaration en mairie et ces enfants disparaissent. J'ai donc demandé un croisement des fichiers des écoles de la ville avec les fichiers de la Caisse d'allocations familiales (CAF). Et là, nous avons découvert que ce sont 2 000 enfants qui n'apparaissent ni dans une école, ni en instruction en famille ! Maintenant, cela ne veut pas dire qu'il y a 2 000 enfants dans la nature. Certains peuvent être décédés, d'autres

1. Entretien du 9 décembre 2020.

inscrits dans des écoles hors contrat hors de la ville, par exemple.»

La mairie a envoyé en novembre 2020 un courrier aux familles concernées. «Nous déclencherons une enquête sociale pour celles qui ne répondront pas. Et si nous n'arrivons pas à avoir de renseignements et d'explications, nous ferons *in fine* un signalement au procureur. C'est un sujet sensible. Notre désir est d'objectiver les choses, car sinon tous les fantasmes et toutes les exploitations politiques sont possibles.»

D'autres dispositifs ont été mis en place, comme les «cellules d'évitement scolaire» créées en décembre 2019 pour trouver ces élèves fantômes. Lancé initialement à Lille, ce projet pilote a été mis en place dans cinq autres villes du nord de la France : Denain, Maubeuge, Roubaix, Tourcoing et Valenciennes. Tous les signataires de cette convention – ville de Lille, préfet, procureur, Éducation nationale du Nord et caisse des allocations familiales – travaillent, depuis mai 2019, main dans la main pour «lutter contre toute forme d'absentéisme scolaire», selon les mots de Daniel Barnier, préfet délégué à l'égalité des chances qui souhaite «regrouper les forces de chacun pour être plus efficace[2]». Les officiels justifient aussi ainsi ce dispositif : «Les signalements peuvent concerner des enfants scolarisés, mais ces cas ne sont pas les plus difficiles à détecter. Le défi concerne surtout les enfants qui suivent une instruction dans la

2. «Éducation : un partenariat inédit, à Lille et dans le Nord, pour lutter contre l'absentéisme scolaire», article paru dans *Lille Actu* du 12 décembre 2019.

famille, ou les écoles de fait. Nous rencontrons les plus grandes difficultés pour ces enfants, que l'on appelle “les invisibles”. Plus tôt c'est pris, plus tôt on règle le problème, souvent, ce n'est que le symptôme d'une maladie plus grave. »

Emmanuel Charrier, deuxième adjoint au maire de la ville de Denain, dans la banlieue de Valenciennes, suit cette cellule d'évitement scolaire. « Nous venons tout juste d'avoir la première réunion de bilan sur ce dispositif[3]. Sur près de 3000 élèves sur la commune, nous avons une dizaine de cas d'absentéisme récurrent et sans justification, et sept élèves en instruction en famille. Nous n'avons aucun cas de radicalisation islamique qui me soit remonté par l'inspectrice de circonscription ou par des professeurs. C'est encore difficile pour moi d'avoir un avis sur l'efficience de cette cellule d'évitement scolaire. Ce qui est certain, c'est que cela nous a permis de nous parler, de prendre l'habitude de croiser les données. Nos réunions rassemblent l'inspection académique, la CAF, les médiateurs de l'éducation et la police municipale. La police nationale est aussi invitée. Un représentant du procureur est venu à la réunion de bilan. » Nous avons contacté les autres villes incluses dans cette cellule. Aucune n'a donné suite à nos demandes d'interview.

Tous ces dispositifs ne sont pas sans poser la délicate question du traitement des données. Les fichiers sont de plus en plus nombreux et les croisements de fichiers aussi, ainsi que le rapporte l'élu de Denain. « On a progressé, le but est de ne pas ignorer des infos

3. Entretien du 8 décembre 2020.

utiles aux autres. Désormais, nous croisons nos fichiers avec la CAF. On envoie le fichier des élèves de la commune par mail, et la CAF compare. Nous souhaiterions faire pareil avec le département. Évidemment, on tient compte de la RGPD[4] et nous n'avons pas eu de retour négatif de la CNIL. » Le « évidemment » fait un peu tousser. Envoyer des données personnelles par courriel n'est pas conforme au RGPD car c'est un moyen non sécurisé pour partager des données sensibles et un mail est susceptible d'être transmis à des personnes n'ayant pas à accéder à ces informations.

Un autre dispositif de la lutte contre ces élèves fantômes est la création d'un identifiant national élève ou INE. Jusqu'à présent, seuls les élèves inscrits dans une école publique ou privée sous contrat disposaient de ce numéro. Cet INE est également obligatoire pour passer son bac ou s'inscrire sur la plateforme en ligne Parcoursup pour entreprendre des études supérieures. « La création d'un identifiant national élève est une vraie question qui n'est pas neutre, analyse un ancien inspecteur général de l'Éducation nationale sous couvert de l'anonymat. C'est très maladroit de l'avoir inscrit dans le projet de loi contre le séparatisme. Au départ, cet INE avait été créé pour éviter les connexions avec le numéro de Sécurité sociale, donc des passerelles entre santé et parcours scolaire. Mais aujourd'hui, cet identifiant est une passerelle avec beaucoup de services. » Et d'alerter sur de potentielles

4. Le règlement général sur la protection des données est un règlement de l'Union européenne qui constitue le texte de référence en matière de protection des données personnelles.

dérives : « Quelles seront les règles d'utilisation de cet INE ? Quelles seront les requêtes possibles au niveau informatique ? Aujourd'hui, il est utilisé dans tous les sens et le cadrage est flou. Par exemple, il est utilisé par la vie scolaire ou les conseils de discipline. Avec certaines requêtes informatiques, on peut établir des liens avec la religion. Par exemple, on peut savoir qui est absent à telle ou telle fête religieuse, et faire des listes. J'ai averti le défenseur des droits sur le cadrage de l'usage de l'INE. » L'INE permettrait donc éventuellement de faire des statistiques religieuses en France, ce qui est aujourd'hui interdit.

8

L'école à la maison, un droit garanti par la Constitution ?

Le bras de fer entre les partisans de l'école à la maison et le gouvernement s'annonce rude. Plusieurs pétitions ont été lancées : celle « pour le maintien des droits à l'instruction en famille[1] » rassemble déjà plus de 125 000 signatures, la seconde « Non à l'instruction obligatoire à l'école en 2021[2] » dépasse les 90 000 signatures. Sur la Toile, nombre de parents expriment leur opposition à cette velléité gouvernementale. Mère de deux petites filles, passionnée par la pédagogie Montessori et auteure de plusieurs ouvrages et coffrets de matériel Montessori, Ève Herrmann anime un blog[3] très suivi par d'autres parents qui ont fait ce même choix éducatif. Après les annonces d'Emmanuel Macron en octobre 2020,

1. mesopinions.com/petition/enfants/maintien-droits-instruction-famille/107871.

2. mesopinions.com/petition/enfants/instruction-obligatoire-ecole-2021/107379.

3. eveherrmann.com.

elle a publié un long message : « Nos enfants ne vous appartiennent pas, monsieur Macron. Vous ne pouvez pas choisir pour eux. D'ailleurs, ils ne nous appartiennent pas non plus, ils n'appartiennent qu'à eux-mêmes et surtout, ils ont leur mot à dire sur un choix qui pourrait transformer leur vie et changer leur avenir. Arrêtons de voir les enfants comme des objets que l'on peut modeler et auxquels on peut imposer nos choix simplement "parce que c'est bon pour eux". Vous prenez la décision d'enlever à nos enfants une grande partie de leur liberté en leur interdisant de choisir à un moment ou à un autre de leur vie, alors qu'ils en auraient besoin, l'instruction en famille. Dans quel but, puis-je vous demander ? Celui de protéger quelques enfants qui vivraient dans des familles pratiquant un extrémisme religieux ? Puisque vous les avez repérés (apparemment vous avez des chiffres), agissez avec les moyens dont l'État dispose déjà plutôt que de taper sur la tête des autres qui respectent les lois ! Nous en avons assez, nous les familles non scolarisantes, qu'on nous mette dans le même panier que le terrorisme, l'extrémisme et autres "ismes" (et je n'imagine même pas dans quel état d'inquiétude doivent être les familles musulmanes qui instruisent leurs enfants en famille...). L'IEF est déjà contrôlée chaque année par vos inspecteurs. Si cela ne suffit pas à repérer les enfants "hors système" comme vous les nommez, ça n'est pas de notre faute, mais de la vôtre. Ce n'est pas en ajoutant une loi supplémentaire que ces personnes en dehors des lois seront mieux repérées et ces enfants mieux aidés. C'est insensé et contre-productif. Les hors-la-loi resteront hors la loi et même, se cacheront encore plus ! D'ailleurs, ne pensez-vous pas qu'avec votre interdiction d'instruire en famille vous pourriez bien provoquer une révolte et une montée en puissance des hors-la-loi ? Quel choix aurons-nous en septembre 2021 ? Celui de quitter le pays ou celui de devenir des pirates hors système ? Car jamais les parents qui ont fait ce choix d'instruction libre ne forceront leurs enfants à aller à l'école contre leur gré, en leur disant “Mon enfant chéri, je t'aime, mais le gouvernement l'a décidé ainsi, parce que c'est bon pour toi et que grâce à l'école de la République tu vas devenir un bon citoyen libre penseur et libre de choisir ta vie”. Quelle incohérence ! Or nous avons choisi de vivre en adéquation et en cohérence avec nos valeurs. Attention, je ne réfute pas l'école, je ne lui tape pas dessus, et je n'ai pas choisi l'instruction en famille contre l'école, pas plus que je ne me place en position de supériorité face à l'école. Cependant, vous le savez aussi bien que n'importe qui, elle n'est pas parfaite, pas plus que l'instruction en famille d'ailleurs. Mais ces deux options imparfaites se complètent, elles sont nécessaires car elles composent un choix. L'instruction en famille est indispensable car elle donne de l'air à l'école, elle n'est pas là pour la combattre ni l'anéantir. Contrairement à vous, nous ne sommes pas en guerre contre quelque chose, nous agissons pour – pour nos enfants, pour la liberté d'instruction. [...]

« Avez-vous déjà rencontré des familles pratiquant l'IEF ? Avez-vous discuté avec les enfants de ces familles ? Si cela avait été le cas, vous auriez pris conscience de la richesse que nous représentons pour le pays dont vous êtes provisoirement le chef d'État (richesse qui soit dit en passant a l'intention de mettre les voiles si votre loi venait à passer).

« Si vous aviez discuté avec des enfants instruits librement, vous auriez peut-être été surpris par leur ouverture d'esprit, leur facilité à s'exprimer dans un français riche et construit, leur capacité à exposer leurs idées, leur aisance à parler avec des adultes (dont ils n'ont pas peur). Oui, nous élevons des enfants capables de penser par et pour eux-mêmes, de faire des choix, des enfants qui ont de grandes et belles valeurs à l'intérieur, une culture riche et ouverte sur l'extérieur et qui représentent un potentiel immense pour le monde de demain. Avec votre décision, vous anéantissez ce potentiel. Oui bien sûr, tous ces enfants pourront aller à l'école de la République, mais réfléchissez un instant... s'ils n'y sont pas aujourd'hui, c'est peut-être pour une bonne raison, non ? N'avez-vous pas songé que pour certains enfants le type d'enseignement dispensé à l'école ne convient pas ? Votre volonté d'offrir la même éducation à tous enfermera les enfants dans une boîte, un même moule. Vous ne semblez pas comprendre que l'instruction en famille est un choix qui permet à l'école de la République de ne pas ressembler à un lieu toxique. Elle est une soupape et une bouée de sauvetage pour certains enfants qui sont en souffrance dans le milieu scolaire, qui rencontrent des difficultés passagères, qui veulent souffler un peu pour y revenir plus tard, ou pour des enfants pratiquant la musique ou le sport de haut niveau. Certains enfants ont besoin de cela pour “se réparer” de l'école et d'autres sont simplement plus heureux d'avoir cette possibilité de s'épanouir librement et d'apprendre autrement.

« Votre décision nous fait peur car elle porte atteinte aux libertés du pays, pays des droits de l'humain, pays qui ose encore écrire "Liberté" au fronton de sa devise. Rogner la liberté d'instruction et s'immiscer dans le rôle des parents, c'est un premier pas vers la dictature, et je ne peux m'empêcher de penser (même si nous en sommes heureusement encore loin) aux jeunesses hitlériennes.

« C'est grave de toucher à une liberté inscrite dans la Constitution et il est évident que nous défendrons nos droits et ceux de nos enfants à s'éduquer comme ils le souhaitent. Vous semblez n'avoir aucune idée de la force et de la puissance de l'amour des parents pour leurs enfants. Tenir pour la première fois dans ses bras une vie nouvelle remplie de potentialités réveille un instinct primaire, un instinct de défense qui permet aux parents de soulever des montagnes pour leurs enfants, de s'unir pour les protéger, protéger leurs droits et leurs besoins.

« Vous ne nous connaissez pas du tout et vous nous attaquez (en mélangeant intégrisme religieux et IEF) comme si nous étions des marginaux et des rebelles dangereux. Venez donc à notre rencontre, ouvrez les yeux sur notre richesse. Elle est belle à voir quand on sait regarder. »

« Blanquer et Macron ont fait les malins en voulant interdire l'école à la maison, mais je pense que ça va continuer comme avant, pronostique l'inspecteur Franck A. Avant, les familles devaient avertir, maintenant, elles devront demander l'autorisation, et on sera obligé de leur dire oui... Si on veut lutter contre le terrorisme, je pense que c'est une bataille à côté de la plaque.» Effectivement, à notre connaissance, aucun terroriste ayant jusqu'alors frappé sur le sol français n'a suivi ce mode très marginal d'éducation.

«C'est d'une part une loi qui tape à côté, renchérit Lionel Devic, avocat et administrateur de la très réac Fondation pour l'école. De l'autre, l'instauration d'une autorisation préalable pour l'instruction en famille n'est pas conforme à notre Constitution. Si cet article 21 est adopté, il y aura un recours devant le Conseil constitutionnel.» Des députés Les Républicains, sous l'influence de catholiques intégristes, cherchent à discrètement empêcher l'école à la maison pour les salafistes, voire pour les musulmans uniquement. Comme en témoigne cet amendement déposé par le député des Bouches-du-Rhône Julien Ravier qui propose que les familles soient obligées de justifier «les raisons du choix de l'instruction en famille, les méthodes pédagogiques employées et le respect des principes de la République, dont la connaissance et la maîtrise de la part des parents doivent être démontrées». Et il ajoute : «Les déclarations incomplètes ou non conformes aux principes de la République, ou faisant état d'un manque de maîtrise de la langue française entraînent un contrôle *a priori* de l'autorité compétente de l'État en matière d'éducation et de la mairie.» Ou comment réserver l'école à la maison aux «bons Français»...

Si l'école à la maison pose de nombreuses questions, elle ne constitue pas la menace agitée par

Emmanuel Macron. Comme l'a déclaré de manière imagée le député socialiste Jean-Louis Bricout à la tribune de l'Assemblée nationale : « Vous utilisez un marteau pour écraser une mouche[4]. » Nous l'avons vu, de nombreux garde-fous existent déjà pour remettre des enfants à l'école en cas de manquements des parents. Comme on le constate fréquemment, il serait cohérent que l'arsenal législatif déjà existant soit appliqué avant de voter une nouvelle loi.

Néanmoins, après plus de douze heures de débats houleux, l'Assemblée nationale a voté le 12 février 2021 en première lecture le controversé article 21 prévoyant une autorisation préalable de l'État, et non plus une simple déclaration de la famille, pour autoriser l'école à la maison. Le texte a été adopté par 347 voix pour, 151 voix contre et 65 abstentions. La droite (LR) et La France insoumise (LFI) ont voté contre. Les socialistes et les communistes, eux, se sont abstenus, tout comme le Rassemblement national (RN) et 5 députés En marche (LRM), dont 1 a également voté contre. Signe que le gouvernement marche sur des œufs, une période de transition jusqu'à l'année scolaire 2024-2025 a été ajoutée in extremis pour tenter de désamorcer la fronde.

4. Voir les deux tribunes écrites par Claude Lelièvre dans *Le Monde* respectivement les 11 octobre et 12 décembre 2020 : lemonde.fr/idees/article/2020/10/11/ecole-la-decision-d-emmanuel-macron-de-rendre-l-instruction-a-l-ecole-obligatoire-semble-bien-se-situer-dans-une-filiation-jacobine_6055598_3232.html;lemonde.fr/idees/article/2020/12/12/instruction-a-domicile-emmanuel-macron-a-place-cette-decision-au-rang-des-changements-des-grandes-regles-ou-principes-regissant-l-ecole_6063135_3232.html.

Les débats promettent d'être houleux au Sénat, à majorité de droite, où le texte arrive alors que nous bouclons ce livre. Si l'article 21 est adopté en seconde lecture dans les semaines qui viennent, désormais seuls quatre motifs pourront être invoqués pour demander à faire l'école à la maison :

— L'état de santé de l'enfant ou son handicap;

— La pratique d'activités sportives ou artistiques intensives;

— L'itinérance de la famille en France ou l'éloignement géographique d'un établissement scolaire;

— L'existence d'une situation particulière propre à l'enfant, sous réserve que les personnes qui en sont responsables justifient de leur capacité à assurer l'instruction en famille dans le respect de l'intérêt supérieur de l'enfant.

Au cours de l'année 2021-2022, les familles pratiquant déjà l'instruction en famille feront l'objet d'un contrôle pour s'assurer que «ce mode d'instruction ne sert pas à des pratiques séparatistes» et les autoriser à la poursuivre jusqu'à la fin de la période de transition.

«Les convictions politiques, philosophiques ou religieuses des personnes qui sont responsables de l'enfant» ne pourront pas être invoquées comme motif d'instruction en famille. Cette disposition risque d'être problématique, car c'est cette liberté qui justifie notamment les écoles confessionnelles, qu'elles soient sous contrat ou hors contrat.

Le quatrième motif d'autorisation, «une situation particulière propre à l'enfant», est aussi particulièrement flou. Il permet une appréciation très large de la part des académies. La condition prévue dans la loi que les personnes responsables « justifient de leur capacité à assurer l'instruction en famille » est suffisamment vague pour permettre une autorisation « à la tête du client » et d'éventuelles discriminations. On assistera sans doute à des saisines de tribunaux administratifs pour contester les refus et tenter d'obtenir le sésame.

Quoi qu'il en soit, le gouvernement aura ajouté au minimum une barrière à l'entrée pour remettre en cause la liberté de faire l'école à la maison. À moins que le Conseil constitutionnel, qui sera très certainement saisi, ne censure cet article 21 qui déchaîne les passions.

À vrai dire, l'école à la maison n'est que l'arbre qui cache la forêt d'une nébuleuse plus vaste : l'enseignement hors contrat.

II

L'école hors contrat, laboratoire des séparatismes ?

9

Hors contrat, hors contrôle ?

L'établissement scolaire privé hors contrat est une école qui n'a pas signé d'accord avec l'État. Il n'est pas obligé de suivre les programmes, ni de respecter les horaires de l'enseignement public. En revanche, il doit permettre aux enfants d'acquérir les connaissances du socle commun de compétences. Obligatoire, le « socle commun de connaissances, de compétences et de culture » présente ce que tout élève doit savoir et maîtriser à 16 ans. Il rassemble l'ensemble des connaissances, compétences, valeurs et attitudes nécessaires pour réussir sa scolarité, sa vie d'individu et de futur citoyen.

Le monde des écoles hors contrat ne relève normalement pas de la loi de la jungle. Toute personne qui veut en créer une doit déclarer son ouverture au recteur de l'académie où elle l'installe. Le recteur transmet la déclaration au maire de la commune, au préfet et au procureur de la République. Sans plus de contraintes, l'établissement ouvre automatiquement après un délai de trois mois à partir de la date de la déclaration, sauf en cas d'opposition. Ce refus peut être motivé soit par des raisons judiciaires (par exemple un directeur interdit d'exercer), soit par des questions de conditions d'accueil des élèves (salubrité, sécurité incendie...). Un contrôle est ensuite effectué par l'Éducation nationale durant la première année suivant l'ouverture. Voilà pour la théorie.

Dans la pratique, les faits sont beaucoup moins carrés. Difficile de s'y retrouver quand on ne parvient même pas à simplement recenser ces établissements. L'annuaire Fabert, une référence dans le monde de l'éducation privée hors contrat, recense 360 maternelles et primaires et 255 collèges. De son côté, la Fondation pour l'école compte, elle, 1500 écoles libres hors contrat sur son site ecoles-libres.fr. Alors combien sont-elles en réalité, qui dit vrai ?

« Notre chiffre n'est pas exact, ni celui de la Fondation, reconnaît Thomas Jallaud, le directeur des éditions Fabert. Beaucoup d'écoles se créent, d'autres ferment très vite, car les parents sont déçus. Dans les écoles recensées par la Fondation, il y en a de toutes petites qui rassemblent des enfants de quatre ou cinq familles, le temps de l'école primaire. Le nombre d'établissements hors contrat est difficile à suivre et donc à évaluer. Pour qu'une école soit viable, un minimum de 50 élèves est nécessaire avec des frais de scolarité de 5000 à 6000 euros par an. » Selon la Fondation pour l'école, le hors contrat représente 80000 élèves. Un nombre à comparer aux 12,3 millions d'enfants scolarisés dans le primaire et le secondaire au total dans le pays.

Ce qui est certain, c'est que le hors contrat connaît un essor important – à sa petite échelle. Le coût de l'éducation qui y est pratiqué ne semble pas dissuasif pour nombre de familles. « Jusqu'en 2012, nous constations 20 à 30 créations d'écoles hors contrat par an. Depuis les passages de Vincent Peillon et Najat Vallaud-Belkacem rue de Grenelle[1], et les polémiques sur l'enseignement de la langue arabe en primaire ou le programme ABCD de l'égalité, la création d'écoles hors contrat est passée à une centaine par an, et cela ne faiblit pas depuis. Malgré la loi Gatel[2] qui a complexifié l'ouverture de ces établissements », assure Lionel Devic[3], de la Fondation pour l'école, très critique à l'égard des socialistes. Quelles qu'en soient les raisons, sans doute nombreuses et complexes, les chiffres sont là.

Derrière ces chiffres, les écoles hors contrat recouvrent des réalités très différentes : laïques ou confessionnelles, promotrices d'un enseignement « à l'ancienne » ou inspirées par des pédagogies

1. Sous le mandat de François Hollande, entre 2012 et 2017.

2. La loi de la sénatrice Françoise Gatel de 2018 se voulait déjà un outil contre l'« embrigadement » islamiste. Le texte prévoit ainsi que l'autorité compétente de l'État en matière d'éducation, le maire, le préfet ou le procureur de la République, pourra plus facilement s'opposer à l'ouverture d'écoles hors contrat. Des contrôles renforcés sur la qualification des enseignants ainsi que sur le contenu de l'enseignement dispensé ont aussi été décidés. Ainsi, les écoles hors contrat devront désormais communiquer chaque année « les noms et les titres des personnes exerçant des fonctions d'enseignement ». La loi durcit également le montant de l'amende dans le cas où l'école ouvre malgré l'interdiction. Pour plus de détails, voir www.creer-son-ecole.com/articles-de-droit/.

3. Entretien du 15 janvier 2021.

alternatives comme Montessori[4], Freinet ou Steiner-Waldorf (voir chapitres 2 et 3)... La pédagogie Montessori est la plus citée, ce qui ne veut pas dire correctement connue et appliquée. Nous avons eu la surprise de la voir mise en avant par des établissements catholiques intégristes aussi bien que par des écoles salafistes, sans doute dans le but de rassurer les parents ou les inspecteurs de l'Éducation nationale. Disparité de taille aussi : on trouve de minuscules écoles qui sentent le bricolage « fait maison », souvent portées à bout de bras par les dons financiers des parents d'élèves et le bénévolat, et d'autres avec plus, voire beaucoup plus de moyens. Le hors contrat rassemble donc d'un côté les tenants d'une pédagogie ou d'une idéologie particulière : religieuse, libertaire, individualiste (un enseignement exclusivement tourné vers l'épanouissement personnel de l'enfant) ; de l'autre, on trouve ce qu'on peut appeler le hors contrat business. « C'est un marché comme un autre, explique Thomas Jallaud. Par exemple, Open Sky[5] est une école et un collège bilingues, qui vise le marché des Français qui reviennent dans l'Hexagone à cause du Brexit. Ils ont eu très vite 80 à 100 inscriptions. De son côté, Iféa à Clichy a été créé par des investisseurs très discrets, dont Cédric Page, son directeur, et une personne de la famille de la descendance de

4. Maria Montessori (1870-1952) est une médecin et pédagogue italienne. Elle a développé une pédagogie basée sur l'accompagnement de l'évolution des enfants par : le libre choix de l'activité, l'autodiscipline, le respect du rythme de chacun et l'apprentissage par l'expérience.

5. Open Sky est le nom de l'école détenue par la société Petite école bilingue, une société à responsabilité limitée.

Carrefour, qui ont injecté 5 millions d'euros dans ce projet. L'école est quasi bilingue du primaire jusqu'au CM2. 50 élèves y sont scolarisés et les frais de scolarité tournent autour de 10000 euros par an.» Quant au projet pédagogique, il semble un peu bateau si on se réfère à leur site web[6] : «Notre mission est de concevoir, mettre en œuvre et diffuser un modèle d'éducation bienveillant et exigeant. Le but est de permettre à tous les enfants d'atteindre leur plein potentiel par l'acquisition d'un socle solide de connaissances et de compétences pour s'épanouir dans leur vie d'adulte et faire face ensemble aux enjeux de leur génération.» Mais Cédric Page, un agrégé de maths, ancien prof dans l'Éducation nationale passé par une start-up de jeux vidéo, a un projet engagé : «Je suis passionné d'enseignement, mais c'est presque un projet politique. L'Europe et la France sont en déclin. La réponse doit passer par l'éducation. Je désire proposer une alternative à un système qui s'effondre sur lui-même. Comme on ne peut pas travailler au sein du système avec des projets alternatifs, j'applique la maxime de Weber : *Ne t'attaque pas au système, démode-le !*[7] »

«Ils ont bien réussi leur démarrage, analyse Thomas Jallaud. Ils ont le projet d'essaimer dans d'autres villes. Les fondateurs ont des réseaux car ils étaient tous dans des grandes écoles et sont cadres, or on se soutient beaucoup dans les aventures d'entreprise. Ils ont des revenus conséquents qui leur permettent de payer les

6. https://ifea.education/a-propos-ifea/.
7. Entretien du 11 février 2021.

frais de scolarité, ou leurs entreprises participent aux frais d'éducation.» Dans ces écoles, on trouve des enfants de cadres français ou étrangers, issus de familles particulièrement à l'aise dans la mondialisation. Certains établissements, en plus d'être bilingues anglais, permettent de choisir entre un diplôme français, anglais ou américain. Les frais de scolarité sont très élevés, en proportion des revenus des parents. Et de plus en plus de multinationales participent au financement des frais d'éducation des enfants de leurs salariés. Le séparatisme des riches, en quelque sorte.

Derrière ces immenses disparités, on note un point commun à toutes ces écoles : elles vantent unanimement une prise en charge de qualité. Or le résultat est loin d'être toujours au rendez-vous, ainsi que le constate une note confidentielle de l'académie de Versailles que nous avons pu nous procurer. En 2016, une inspectrice correspondante «mission de prévention des phénomènes sectaires et d'emprise sur les jeunes» rédige cette note après une mission de contrôle des écoles privées, essentiellement hors contrat, pour le premier et le second degré. Ce rapport d'une dizaine de pages a pour titre «Un terreau propice aux endoctrinements». «Les projets des écoles (visibles sur les sites internet) expliquent viser la réussite de tous les enfants, voire l'accès à l'excellence». Systématiquement sont soulignées la prise en charge des élèves en difficulté, des enfants intellectuellement précoces et une éducation morale de haut niveau. Associées à une appellation «bilingue ou internationale», ces annonces promettent l'aptitude de l'école à répondre aux désirs et aux attentes des familles.

L'affichage revendique un climat propice aux études et au bien-être, une pédagogie individualisée, la bienveillance des maîtres, la liberté et le respect des rythmes avec, pour quelques-unes, le choix des « bonnes vieilles méthodes qui ont fait leurs preuves » et une éducation à des valeurs morales. Des taux de réussite exceptionnels sont mis en avant et des avis de familles témoignent de l'excellence du projet salvateur. Mais qu'en est-il de ces effets d'annonce ? Pour se démarquer, certaines écoles n'hésitent pas à accuser l'école publique de laisser s'instaurer un climat de violence, de favoriser l'inégalité et l'échec, visant ainsi à attirer les familles vers le projet de créer une élite par une école d'excellence. La sélection par le coût des études et les exigences en matière de comportement des élèves contribuent très certainement à la réussite de ceux qui restent. Les conditions d'inscription et de maintien dans ces écoles mériteraient d'être étudiées finement. Les effectifs réels et la sélection en cours d'études, par le renvoi des enfants vers des établissements publics, n'étant pas mentionnés, il est difficile de mesurer l'efficacité pédagogique des projets. Il est à noter que toutes les écoles contrôlées, sauf une école Montessori, revendiquent l'application stricte des programmes, voire la mise en œuvre réglementaire des heures d'enseignement alors que ce n'est pas requis et, de plus, faux. Cette prétention peut avoir deux objectifs : l'espoir d'obtenir un contrat avec l'État, ou rassurer les familles sur un possible retour vers l'enseignement public.

Premier constat frappant, après ce bref tour d'horizon : l'univers du hors contrat ressemble à une auberge espagnole... dont on n'a qu'une vague idée du menu. Côté parents, on peut inscrire son enfant n'importe où sans avoir une vision claire de la qualité de l'enseignement, ni même souvent de son contenu. Et surtout, devant ce foisonnement assez nébuleux, on se demande quels sont les moyens de contrôle de l'État, et leur efficacité. Comment maîtriser un monde parallèle, voire souterrain ? De loin, le hors contrat promet beaucoup : l'élève au cœur du projet éducatif avec un encadrement individualisé, une pédagogie alternative, un niveau supérieur à celui de l'enseignement public. À y regarder de plus près, on constate que l'enseignement dispensé y est généralement médiocre, et la pédagogie parfois douteuse.

Nous nous sommes donc tournés vers l'Éducation nationale pour y voir plus clair et connaître les modalités de contrôle de ces écoles. Seul un ancien inspecteur général qui a travaillé sur ces questions a accepté de nous répondre, sous couvert de l'anonymat. Et ce qu'il raconte est édifiant : « Il faut savoir que l'Éducation nationale n'a même pas un fichier à jour des écoles hors contrat ! Pour préparer mes inspections et me documenter, j'utilisais le guide Fabert édité par le Centre national de documentation sur l'enseignement privé. » Dont on sait qu'il est loin d'être à jour...

Comment se déroule ce contrôle ? Outre la visite obligatoire la première année suivant la déclaration d'ouverture, la décision d'inspection est prise par l'autorité académique, soit dans le cadre de contrôles aléatoires, soit à la suite de signalements. La note confidentielle de l'académie de Versailles décrit ainsi les objectifs de la mission des inspecteurs : « Les contrôles opérés par l'État dans les écoles privées hors contrat ont pour mission de garantir le respect des droits de l'enfant en matière d'éducation et d'instruction. Ils vérifient si l'instruction proposée a pour objectif de faire partager aux élèves les valeurs de la République, de permettre à chacun de développer sa personnalité, [...] d'exercer sa citoyenneté. Ils vérifient si l'instruction garantit l'acquisition des instruments fondamentaux du savoir, des connaissances de base, des éléments de la culture générale en garantissant à chaque élève les moyens nécessaires à l'acquisition d'un socle commun de connaissances, de compétences et de culture, auquel contribue l'ensemble des enseignements dispensés au cours de la scolarité. Les éléments de ce socle commun et les modalités de son acquisition progressive sont fixés par décret. Lors des contrôles il s'agit donc, sur la base d'un recueil précis d'informations, de vérifier si les pédagogies mises en œuvre et les contenus enseignés dans ces écoles, tout en respectant la liberté de choix pédagogiques, contribuent au développement de la personnalité, à l'acquisition des compétences du socle commun et à la formation d'un citoyen responsable capable de partager les valeurs de la République. »

Ce « recueil précis d'informations » se base sur les documents suivants : liste des élèves et des responsables légaux, projet pédagogique de l'établissement, progressions disciplinaires, emploi du temps actuel, supports de travail des élèves, cahiers de textes des élèves, manuels et supports collectifs d'enseignement, statistiques d'orientation, selon un autre rapport d'inspection[8] que nous nous sommes procuré. Ce rapport ajoute : «L'observation des cahiers et classeurs des élèves a permis de vérifier la concordance entre le cadre programmatique établi et les apprentissages réalisés par les élèves.»

Nous avons aussi mis la main sur le projet de «Vade-mecum d'inspection des écoles hors contrat» daté d'avril 2016. Ce document d'une cinquantaine de pages était destiné à l'harmonisation des modalités de contrôle entre les différentes académies. «Avant, il n'y avait rien au niveau national», explique un ancien membre du cabinet de la ministre Najat Vallaud-Belkacem.

Avant chaque inspection, une étude préalable à la visite est réalisée par l'équipe d'inspection. «Les services de l'autorité académique disposent d'un dossier donnant un premier aperçu de la situation de l'établissement : informations fournies préalablement à l'ouverture (données sur le directeur, sur les locaux, date d'ouverture...), rapports antérieurs, signalements... Le cas échéant, des informations complémentaires auront été fournies ou seront fournies par les services placés auprès du préfet. Il est d'une aide précieuse de consulter Internet pour s'informer sur l'établissement : caractère(s) propre(s) revendiqué(s) : confessionnel, pédagogique, linguistique... ; annonces aux familles ; publicité ; liens hypertextes... Le correspondant auprès du recteur de la Mission de prévention des phénomènes sectaires (MPPS), ainsi que le référent sur la prévention de la radicalisation, si les deux fonctions ne sont

8. Inspection de l'école Le Colibri, académie de Grenoble.

pas exercées par la même personne, seront associés à cette étude, comme au reste de la procédure », précise le Vade-mecum.

L'autorité académique décide si la visite est inopinée ou non. On opte pour une visite inopinée dans les cas de crainte de dissimulation de certaines pratiques de l'école. « Il convient que l'équipe d'inspection se répartisse rapidement dans les salles de classe pour assister aux cours afin de pouvoir évaluer le face-à-face pédagogique entre chaque enseignant et ses élèves dans toute son authenticité », est-il encore indiqué.

Le directeur de l'établissement inspecté est ensuite prié de mettre à disposition une série de documents :

— le projet pédagogique de l'établissement, comportant la progression retenue par l'établissement pour l'acquisition, par ses élèves, des connaissances et des compétences, qui doit les amener, à 16 ans, à la maîtrise du socle commun de connaissances, de compétences et de culture ;

— une copie du registre du personnel (s'il n'a pas été adressé aux inspecteurs en amont de l'inspection) ;

— une copie du registre des élèves inscrits dans l'établissement, avec leur date de naissance et leur commune de résidence (s'il n'a pas été adressé aux inspecteurs en amont de l'inspection) ; les dossiers d'absence des élèves concernés ;

— une copie des registres d'appel des élèves, pour chaque classe, remplis au début de chaque cours ; le registre de sécurité.

Un modèle de tableau d'observation en vue des évaluations est également fourni aux inspecteurs.

« Pour répondre aux observations attendues par la grille, il s'agit de recueillir des informations :

— à l'occasion d'observations de travaux en classe (propos des élèves, propos des professeurs) ;

— en observant les affichages dans les classes ou dans les couloirs ;

— en observant le cahier de textes ;

— en recherchant des traces de travaux d'élèves (cahiers, évaluation) ;

— en observant les manuels utilisés ;

— en observant le type de matériel disponible pour les activités pédagogiques. »

Le Vade-mecum détaille ensuite la composition du rapport d'inspection qui doit être réalisé. Les documents doivent être rédigés avec soin, rappelle le ministère, car « les conséquences de ce rapport peuvent être contestées par l'établissement devant le juge ».

Ces contrôles sont-ils suffisants ? La Fondation pour l'école et l'inspecteur général à la retraite qui a accepté de nous parler s'accordent pour en pointer les limites. « Nous avons fait un sondage dans les écoles récemment créées : seules 80 % ont été contrôlées dans la première année de leur existence alors que la loi prévoit 100 % de contrôle, constate Lionel Devic, de la Fondation pour l'école. Pourquoi de nouvelles dispositions dans la loi contre les séparatismes alors que l'État n'applique déjà pas celles qui existent ? »

« Dans le contrôle des écoles hors contrat comme ailleurs, l'institution est paralysée par un délai de réactivité très lent, explique de son côté l'inspecteur général. On a beaucoup de retard à l'allumage et on est toujours débordés. Tout l'objectif est de travailler plus vite...

sans se planter. Quand on reçoit un signalement de dysfonctionnement en dehors des contrôles prévus par la loi, il faut mesurer sa véracité et son degré d'urgence, et ce n'est pas simple… Si on fait une erreur, elle ne nous sera pas pardonnée dans les médias.»

«Le problème, c'est aussi le manque de connaissances du hors contrat et de la culture de ces établissements de la part des inspecteurs de l'Éducation nationale, remarque Lionel Devic. J'ai vu des conclusions de rapport d'inspection d'écoles privées un peu à l'ancienne se terminant par : "Les enfants ont l'air heureux mais pédagogie trop transmissive", c'est-à-dire qu'ils reprochaient aux enfants d'être trop en position d'écoute. À savoir passifs, sans beaucoup d'interactions avec leurs professeurs. Dans le hors contrat, l'efficacité pédagogique ne peut pas être mesurée en référence aux évaluations nationales prévues, car elles ont leur liberté pédagogique pour atteindre le socle commun de connaissances.»

Lionel Devic n'est pas opposé à davantage de contrôle… mais il pointe les écoles musulmanes sans les nommer. «Il faudrait que les inspecteurs de l'Éducation nationale soient accompagnés d'agents du renseignement territorial qui savent lire les langues étrangères pour comprendre certains livres qui ne sont pas en français.» De son côté, Hassan Oufker, le directeur du groupe scolaire musulman Averroès de Lille, deuxième meilleur lycée du Nord-Pas-de-Calais, dont le collège est hors contrat, nuance : «C'est vrai que l'on peut se sentir très contrôlé, parfois injustement. Mais si cela peut permettre à des établissements de mauvaise foi d'être épinglés, alors c'est justifié.

Si l'on n'a rien à se reprocher, on n'a rien à craindre[9].» La Fondation demande aussi que les directeurs d'école hors contrat puissent saisir le référent Justice du rectorat pour vérifier les antécédents des professeurs embauchés : «Aujourd'hui, les directeurs peuvent juste demander l'extrait du casier judiciaire de base. Il faudrait qu'ils puissent demander au référent Justice s'il y a des obstacles à l'embauche. Les écoles sous contrat, elles, peuvent le faire.»

Alors, hors contrat, hors contrôle? De notre enquête il ressort que le respect de ces critères semble être à la carte, à l'instar du socle commun de connaissances et de compétences. Entre conservatisme (voire pire) et pédagogie innovante, l'enseignement hors contrat ressemble à un grand laboratoire aux idées et surtout aux idéologies très éloignées les unes des autres. Il se retrouve aussi au cœur d'une révolution conservatrice, culturelle et identitaire qui gagne le monde entier et chamboule les codes. De la grande diversité qu'il recouvre, il ressort un autre point commun que «l'excellence» scolaire vantée (et, nous le verrons, rarement fondée) : le choix, encore très marginal mais tout de même en nette augmentation ces dernières années, pour la majorité des familles qui y ont recours, de donner à leurs enfants une éducation communautariste. D'où que l'on soit, on reste entre soi, on fait grandir ses enfants entre gens du même milieu, de la même foi, de la même idéologie... bref, à l'opposé si ce n'est des valeurs de notre République,

9. Entretien du 15 décembre 2020.

dans tous les cas en opposition au modèle de l'école publique. Et on a de quoi nourrir de réelles inquiétudes devant l'essor que ce type d'enseignement connaît depuis ces dernières années. Comment, par exemple, ne pas s'inquiéter qu'au nom de la pédagogie Montessori, comme nous l'avons constaté, des élèves de 10 ans sachent à peine lire, sous prétexte de l'application d'une éducation où l'enfant doit « avancer à son rythme » ? Ou encore quand on voit ces « écoles » qui se tiennent dans des appartements, des salles associatives louées, sans aucun espace extérieur pour la récréation ? Sans parler des extrêmes, comme nous le verrons dans certaines écoles sous influence turque, où les professeurs ne maîtrisent pas la langue française, ou dans les écoles Saint-Pie-X où les manuels d'histoire tiennent du révisionnisme et rendent gloire au maréchal Pétain (voir chapitre « Les cathos intégristes »). Quels objectifs poursuivent-ils ? « C'est, de fait, autour de la question de l'éducation que le sens de quelques mots – République, démocratie, égalité, société – a basculé[10]. » Ce constat du philosophe Jacques Rancière, qui date d'il y a plus de quinze ans, n'a jamais paru autant d'actualité. Ces établissements semblent au cœur d'un bouleversement sociétal en rupture voire en lutte avec le modèle de l'école républicaine. Pour former quels citoyens français, demain ? Compte tenu de la longueur des procédures judiciaires, l'État était obligé de ruser afin de trouver la faille, financière ou sanitaire en général,

10. Jacques Rancière, *La Haine de la démocratie*, Éditions La Fabrique, 2005.

conduisant à une fermeture sans appel de l'établissement. Des situations floues auxquelles il est urgent de pouvoir apporter des réponses concrètes.

Le projet de loi « confortant le respect des principes de la République » est censé renforcer le contrôle des établissements privés hors contrat. Son article 22 instaure un régime de fermeture administrative de ces établissements ainsi que des établissements illégalement ouverts. Il s'agit de permettre aux autorités, lorsque sont constatés des dérives ou des manquements graves et réitérés à la réglementation, d'y mettre fin dans les meilleurs délais, et ce dans l'intérêt des enfants qui y sont accueillis. « Jusque-là, la fermeture ne pouvait être décidée que par les autorités judiciaires, ce qui conduisait à des délais très longs, explique l'entourage de Jean-Michel Blanquer. Le passage à une justice administrative nous permettra d'aller vite, avec des procédures de référé, tout en garantissant la possibilité aux établissements de faire appel. Le feuilleton à rebondissements de l'école musulmane toulousaine Al-Badr [voir chapitre « Les écoles musulmanes dans le collimateur »] est typiquement ce que nous ne voulons plus revoir[11]. »

La possibilité contenue dans ce projet de loi de faire appel à la justice administrative afin de faire rapidement fermer les écoles présentant des dérives graves devrait remédier à ce problème. Il faudra toutefois compter sur la sagesse de la justice administrative pour que ce nouveau pouvoir dans la main des préfets ne fasse pas l'objet d'abus.

11. Entretien du 5 février 2021.

10

Les écoles laïques, ou l'enfant roi au pays des modèles alternatifs

La première caractéristique des écoles hors contrat non confessionnelles, c'est leur extrême diversité. C'est un univers aux multiples constellations, qui recouvre des réalités très variées, des plus marginales aux plus novatrices. Leur point commun : dans la plupart des cas, elles marquent, pour les familles, non seulement le choix d'une pédagogie « différente », au plus près de leurs préoccupations à l'égard du bien-être de leurs enfants, mais aussi l'aspiration à un modèle de société alternatif.

Notre enquête débute près de Bourges, dans une école baptisée Le Chêne vert[1]. « Elle est un peu bizarre, nous a-t-on signalé, vous devriez aller voir. Il n'y a sans doute pas de dérive sectaire, nous avons surtout l'impression que le niveau est mauvais. »

1. Reportage du 11 décembre 2020 – site de l'école www.association-lechenevert.fr.

L'établissement a accepté de nous recevoir. Quelques jours plus tard, au fond d'un petit chemin, dans un cadre verdoyant, apparaissent sous nos yeux une yourte et une structure en bois. Un décor pas banal et néanmoins agréable. Le Chêne vert rassemble onze enfants de 3 à 6 ans et onze autres de 6 à 12 ans. Chaque groupe forme une classe unique. Mais le nombre exact d'élèves est assez flou, car certains enfants viennent moins de trois jours par semaine et suivent donc officiellement l'instruction en famille. Ce vendredi matin de décembre, ils ne sont qu'une quinzaine.

Un rituel immuable ouvre la journée : le « néméton[2] », un temps de communion avec la nature. « Ça vient des Celtes, nous précise Béatrice, une des mères engagées dans le projet de l'école. Les enfants font dix minutes de méditation dans la forêt, en silence, dans un lieu qu'ils ont choisi en début d'année. L'objectif est de développer leurs sens et l'écoute de la nature, puis ils prennent un temps de partage, un premier tour où chacun dit ce qu'il a observé ce matin, et un second pour exprimer leur gratitude. »

Revenus de leur temps de méditation, les enfants s'assoient en cercle et prennent la parole les uns à la suite des autres. Une blondinette d'environ 8 ans est la première à s'exprimer : « J'ai ressenti la fraîcheur et l'eau. Je me suis un peu ennuyée. Je n'ai pas beaucoup entendu les oiseaux. » Dans le second tour, elle

2. Le mot gaulois *néméton* désigne le sanctuaire, le lieu spécifique dans lequel les Celtes pratiquaient leur culte, sous la direction des druides.

dira : « J'ai de la gratitude pour le soleil, le vent, la pluie. » Les autres partages seront à l'avenant.

Puis les enfants s'éparpillent pour travailler seuls ou avec une accompagnatrice, la terminologie employée par l'école. Car ici on ne parle pas d'enseignants. Les élèves ne doivent pas ressentir de hiérarchie et sont invités à avancer à leur rythme, selon leur motivation et leur volonté : « Qu'est-ce que tu as envie de faire ? » interroge l'une d'elles. Ici, pas de pupitres ni de chaises. Les enfants s'installent comme ils le veulent dans les deux petites pièces d'une structure en bois adjacente à la yourte. Elles constituent l'enceinte de l'école et ont été construites par les parents d'élèves. La maîtresse, pardon, l'accompagnatrice, manuels scolaires à l'appui, aide deux enfants en mathématiques. « On privilégie le travail avec un ou deux enfants, explique-t-elle. Quand ils ont envie de travailler un sujet, ils prennent rendez-vous avec nous. » Les autres camarades ne semblent pas avoir envie de travailler aujourd'hui et s'occupent dans leur coin. Une stagiaire d'une quarantaine d'années s'emploie à les stimuler avec un succès limité. Quelques petites filles jouent à la poupée, d'autres lisent un livre assis par terre, et certains réclament de se reposer.

Comme tous les vendredis matin, une troisième accompagnatrice leur propose une heure de travail de la terre. Tout ce qui est proposé ici l'est sur la base du volontariat de l'élève. Chaque enfant doit s'inscrire le jour même sur la feuille suspendue au mur. D'autres ateliers sont proposés au cours de la semaine : le mardi, c'est théâtre, le jeudi fabrication du journal, etc.

Les 3-6 ans ont leur espace réservé dans la yourte sous la responsabilité de deux accompagnatrices. « Ici on laisse vraiment les enfants en autonomie, on n'est pas 100 % Montessori car on manque de matériel, mais c'est vraiment cette pédagogie qui nous inspire », explique C., qui a validé les quatre formations Montessori pour cette classe d'âge. Ce qui frappe, c'est l'autonomie et l'éveil des petits. « On leur apprend à accomplir une tâche jusqu'au bout. Par exemple, ils font le pain avec nous, et après ils nettoient le plan de travail. » Chaque jour, deux élèves de primaire et deux de maternelle sont chargés de fabriquer le pain qui servira au déjeuner.

Le Chêne vert se décrit comme une école « œuvrant dans un esprit de coopération qui se rassemble autour de valeurs fortes de respect des individus et de l'environnement ». « Nous accueillons les enfants dans le cadre d'un accompagnement respectueux, non violent, précise le projet pédagogique. Pour cela, nous utilisons les mots justes, un langage correct. Selon les possibilités, nous suivons le rythme de l'enfant tant sur le plan physiologique (collation possible le matin, repas à horaires souples, sieste à la demande, nous ne réveillons pas les enfants, possibilité d'aller dehors selon les besoins) que sur le plan du développement psychomoteur et des apprentissages et acquisitions. Nous tâchons de valoriser chacun, notamment en permettant l'autonomie et la responsabilisation de tous, dès le plus jeune âge : matériel adapté aux enfants, installations à leur hauteur, part active de l'enfant dans tous les soins ou activités de la journée. Nous ne recourons ni à la punition, ni à la récompense, ni à l'isolement mais proposons la réparation à l'enfant à chaque fois que possible, ainsi que la médiation des conflits. Cela permet notamment de rester dans un schéma de motivation intrinsèque et non extrinsèque : l'enfant agit pour lui-même et par ses intérêts au lieu d'agir afin de faire plaisir à l'adulte. » Une des valeurs fortes au sein de l'association est le respect de l'environnement : « Nous souhaitons partager cette valeur avec les enfants. Pour cela nous pensons qu'une bonne connaissance de cet environnement est indispensable, aussi nous mettons en place des ateliers nature réguliers (botanique, zoologie, observation de la nature, ateliers spécifiques animés par des professionnels, etc.). »

L. est une des « accompagnatrices de scolarité ». Diplômée de sciences politiques aux États-Unis, elle s'est ensuite formée à la pédagogie Montessori à Paris. Arrivée à Bourges, elle travaille depuis environ quatre ans au Chêne vert, d'abord avec les petits, puis, depuis septembre 2020, avec les élèves du primaire. « Nous ne sommes pas là juste pour transmettre des savoirs, le but est que chaque enfant trouve son chemin », dit-elle. Mais elle avoue qu'elle « cherche encore un peu » comment elle va travailler avec un groupe comprenant des écarts d'âge aussi importants. Entre 6 et 12 ans, les besoins et les attentes varient profondément. Si la pédagogie centenaire Montessori appliquée ici se porte comme un charme, en pratique la méthode peut se montrer délicate à mettre en place, voire parfois irréalisable. En respectant le rythme individuel de chaque élève, peut-on arriver à une cohésion de groupe ?

Si tous ces enfants semblent épanouis, qu'en est-il de leurs apprentissages scolaires ? Nous interrogeons la mère d'une élève à ce sujet. Elle est ravie de ce choix pour sa fille, mais s'inquiète de son passage en cinquième l'année prochaine : « Vous avez peur qu'elle ne soit pas au niveau ? — Ah non, pas du tout ! J'ai peur de devoir la retirer d'un enseignement comme le Chêne vert où elle est très épanouie. Son apprentissage n'est pas ma préoccupation première, c'est son épanouissement avant tout qui compte, et je ne sais pas, je crains même qu'au collège elle ne s'épanouisse pas et ne trouve pas sa place. » Les propos de cette maman nous surprennent : sa fille est en sixième et nous ne l'avons pas vue étudier de la journée. « Encore une fois, il n'y a que son bonheur et son bien-être qui importent pour moi. Je ne veux pas qu'elle pleure en allant à l'école. Si elle ne s'adapte pas au collège, je me tournerai vers l'instruction en famille, et par la suite si elle désire arrêter définitivement l'école, elle le fera. »

À côté de nous, Claude[3], la stagiaire, nous fait les gros yeux. Plus tard, nous la prenons à part pour lui demander ce qu'elle pense du Chêne vert : « Je suis très inquiète... C'est tous les jours comme ça. » En couple avec un professeur, Claude adore la vie scolaire et s'est tout naturellement tournée vers ce métier d'auxiliaire de vie scolaire dans son choix de reconversion. « Les petits ne travaillent presque jamais, ils font ce qu'ils veulent... Et pourtant je suis aussi formée à la pédagogie Montessori, je ne suis pas formatée

3. Le prénom a été modifié.

par le modèle classique. Mais là, c'est du n'importe quoi, je ne vois pas comment les élèves pourront rattraper le niveau par la suite. Ils ne font pas grand-chose et n'apprennent presque rien ! Je pense qu'en maths, les enfants n'ont pas tant de retard que ça, mais en grammaire et conjugaison, ils ne sont pas bons.» Il est vrai que mis à part les deux élèves qui s'affairent en mathématiques avec la maîtresse, l'activité du reste de la classe n'est pas très claire. Certains travaillent en autonomie sur un exercice donné par l'enseignante. La maîtresse, plutôt sérieuse et consciencieuse, explique qu'on n'oblige jamais un enfant à faire quelque chose, et qu'en général ils sont désireux de s'instruire. Deux fillettes d'environ 10 ans nous montrent fièrement l'histoire qu'elles ont commencé d'écrire sur l'ordinateur en 2019 : deux pages, visiblement jamais relues par un adulte. Beaucoup de fautes d'orthographe surprenantes : « Tu et », « Mon amoure »…

Avant la séance d'agora – un temps dévolu à faire le point sur la semaine et à prendre des décisions pour la semaine suivante –, les enfants rangent et nettoient leur classe pendant une petite demi-heure. « Nous développons beaucoup l'autonomie des tâches quotidiennes, explique une des accompagnatrices. Mais le ménage est refait ensuite par un parent.» Dans ce type d'établissement hors contrat, les parents jouent un réel rôle dans la vie quotidienne de l'école.

L'agora est une réunion encadrée par la maîtresse, où les enfants peuvent s'exprimer, dire pourquoi ils sont reconnaissants mais aussi ce qu'ils n'ont pas aimé durant la semaine. Assis en rond, ils prennent la parole après avoir pris en théorie un bâton de parole. Aujourd'hui ils sont peu à parler. L'aîné, qui coupe la parole à ses camarades, explique que son moment préféré est le matin lorsqu'ils écoutent les bruits de la nature. En revanche, il n'a pas aimé qu'un petit garçon vienne de passer de la maternelle à la primaire. Il ne le trouve pas adapté et estime qu'« il fait bébé ». L'assemblée dure environ quinze minutes, elle sonne la fin de la semaine de cours.

Avant de repartir, nous reparlons avec Claude. Nous la questionnons sur la directrice, qui a fini par arriver en milieu d'après-midi : « Elle n'est pas là du matin au soir... Et elle ne reste pas très longtemps. » Claude se préoccupe du sort des élèves dans le futur : « L'école est récente, il n'y a pas assez de recul pour se rendre compte de leur niveau, mais je n'en vois aucun pouvoir rejoindre l'école traditionnelle sans avoir de grosses lacunes, sans redoubler. » Quand nous lui demandons s'ils savent tous lire, elle roule de nouveau les yeux et rétorque instantanément : « Pas tous, ce n'est pas gagné. Cette manière d'instruire est inconsciente. »

À notre arrivée, le père d'un garçon scolarisé au Chêne vert nous attendait. Il avait été diligenté par l'établissement, sûrement la directrice. Fort sympathique quoique un peu gêné de devoir nous vanter les qualités de l'école, il nous a énuméré toutes les tâches effectuées par les parents d'élèves. À commencer par les quatre murs de la bâtisse de l'école ! En effet, afin d'agrandir la yourte qui accueille la maternelle, les pères d'élèves se sont eux-mêmes chargés des travaux d'agrandissement. Et le job a été bien fait. Ils se relaient également une demi-journée par semaine afin d'apporter de l'aide dans la surveillance des enfants. Le profil de ces mères et de ces pères dévoués relève parfois de l'échec scolaire personnel. Des adultes aujourd'hui, qui autrefois enfants rejetaient le système éducatif et ne s'y sentaient pas à leur place. En 2021, ils peuvent, à travers le Chêne vert, offrir une alternative, voire une échappatoire, aux écoles publiques qu'ils jugent bien trop homogènes. Par leur présence dans la vie scolaire, ils garantissent une attention privilégiée à leurs enfants, dont « l'épanouissement » est le premier critère. Peut-être est-ce aussi pour eux un moyen de retourner à l'école, et pourquoi pas de prendre une revanche sur l'enseignement traditionnel qu'ils ont fréquenté.

Marie Lebas est la directrice de l'école et l'une des fondatrices. « Notre association a été créée en 2014 par des parents et des professionnels issus d'une crèche parentale, raconte-t-elle. Des parents pratiquaient l'instruction en famille, car ils n'étaient pas satisfaits de l'école publique. Notre pédagogie est basée sur une éducation bienveillante et respectueuse. On essaie d'éviter la posture adultiste, c'est-à-dire de domination de l'adulte sur l'enfant. Nous allons piocher chez Montessori, Freinet, Steiner la pédagogie des projets et dans l'approche des écoles démocratiques. Mais nous ne sommes pas une école démocratique, chez nous l'enfant n'est pas en roue libre. Il y a l'accompagnement d'un adulte et chacune de nos activités est liée au socle commun de compétences. » Les familles qui s'inscrivent dans cette école partagent d'un côté l'importance de l'écologie et de la connexion à la nature, de l'autre le désir d'une éducation avec une pédagogie qui respecte le rythme et les désirs de leur enfant. Elles ont en commun de refuser la notation et les punitions. Les origines sociales sont très variées, selon la directrice : « Parmi nos parents, nous avons un médecin, des ouvriers, des personnes au RSA. Il y a une grande mixité sociale et religieuse, j'en suis très heureuse. »

La directrice revendique une inspection académique favorable – mais il faudra la croire sur parole. Pour elle, les résultats sont bons : « Plusieurs enfants sont passés au collège dans le public et ils suivent sans problème. Nous avons eu une élève qui est arrivée en état de phobie scolaire à huit ans et demi. Nous avons dû repartir de zéro en maths. Maintenant, elle est en collège normal et ça se passe bien. »

Comme de nombreuses micro-écoles hors contrat, le Chêne vert est très fragile financièrement. « Si on a un minimum de 30 enfants, ça passe juste », explique la directrice. La pandémie a rendu cette école encore un peu plus vulnérable : une dizaine d'enfants en ont été retirés pour suivre l'instruction en famille par crainte d'une contamination. Pas simple de survivre. Le recrutement se fait surtout par le bouche-à-oreille car il est difficile de convaincre des parents plus « traditionnels » de sauter le pas. « Le confinement nous a fait perdre une dizaine d'enfants, car les familles sont restées en instruction en famille. Et nous n'avons pas pu organiser de portes ouvertes, donc nous avons eu moins d'inscrits à la rentrée. » Le coût annuel de la scolarité est compris entre 1 260 et 2 520 euros pour trois jours par semaine, et entre 2 100 et 3 840 euros pour cinq jours par semaine. Comment expliquer cette différence importante ? Il existe un tarif de base valable pour toute inscription classique au sein de la structure ainsi qu'un tarif coopératif valable pour les adhérents des associations signataires du partenariat coopération. Un parent doit s'engager à être présent régulièrement pour aider et participer aux activités. Cela consiste en des activités organisées, des lectures, de l'accompagnement en sorties extérieures ou même des tâches d'entretien courant en dehors des enfants. Les heures dues sont calculées selon le principe d'au minimum une heure par mois par jour de présence hebdomadaire, soit cinq heures par mois pour une scolarité de cinq jours. En cas d'impossibilité de faire tout ou partie de ces permanences, il est prévu une compensation financière de 20 euros par heure non effectuée, est-il écrit dans le règlement de l'école. Les parents doivent aussi s'engager dans une « commission », comme bricolage, jardin, etc. L'école fonctionne notamment avec des stagiaires de l'école régionale du travail social, un établissement spécialisé dans les formations de l'intervention sociale, comme assistant de service social, moniteur éducateur ou éducateur spécialisé, pour augmenter le taux d'encadrement des enfants à bas coût.

Au cours de notre entretien, la directrice nous explique qu'elle a déclaré l'ouverture d'un établissement secondaire collège et lycée pour 2021. « Pour le moment nous ferons une classe unique 6-18 avec des sous-groupes, détaille-t-elle. À partir d'une dizaine d'élèves, on fera un groupe 10-18. Nous voulons continuer la pédagogie de projet pour nos enfants. »

Quand on lui demande si elle pense que les conditions d'enseignement seront optimales et permettront d'avoir des diplômes comme le brevet des collèges ou le bac, elle déclare : «Le brevet des collèges, je n'ai pas compris à quoi ça servait. Et si un enfant a pour projet d'avoir son bac, on lui trouvera des bons profs pour ça. Nous avons déjà des profs dans notre association. Après, je comprends bien que des familles aient besoin que leur enfant en âge d'aller au collège rejoigne une structure plus classique.»

Nous avons contacté l'académie du Cher pour savoir ce qu'ils pensaient de cette école et où en était l'instruction pour la demande d'ouverture du collège et nous avons reçu ce courrier électronique en retour : *Monsieur Pierre-Alain Chiffre, directeur académique des services de l'Éducation nationale du Cher, vous informe que le 27 janvier 2020, le rectorat a bien reçu une déclaration mentionnant la volonté de l'école associative du Chêne vert d'ouvrir un collège. Toutes les informations ont été vérifiées tant au niveau des personnels qu'au niveau des locaux. Le dossier complet au 16 mars a été transmis pour un triple regard, procureur, préfecture et mairie. Une vigilance sera maintenue conformément à la réglementation.*

Nous avons fait lire cette réponse à un inspecteur de l'Éducation nationale. «Ce qui est écrit est surprenant, ça veut dire que le rectorat se pose des questions sur cette école, décrypte-t-il. Normalement, le procureur n'est pas dans la boucle. Pas certain que le collège ouvre à la rentrée prochaine[4]… » Et peut-être que ça vaut mieux… Pas sûr en effet que le Chêne vert soit à même d'offrir une formation de qualité aux collégiens. Nous sommes assez effarés que l'on puisse penser ouvrir un collège sans profs, estimer que tous les diplômes sont en option. Les enfants auront peut-être un bon souvenir de l'école, mais pour quel avenir ? Certes, les fondateurs de Google et d'Amazon ont suivi des scolarités alternatives, mais aucune étude concrète ne démontre à ce jour que ce type d'enseignement fabrique régulièrement de petits génies. Bien sûr, l'école doit continuer à s'adapter à l'enfant, mais jusqu'à quel point ? Une trop grande disparité dans les méthodes d'instruction ne risque-t-elle pas de créer un écart encore plus profond entre les niveaux ? C'est à se demander si un label garantissant le sérieux d'une école ne devrait pas être mis en vigueur. Bien souvent la qualité de l'enseignement est liée à l'expérience, or des acquis, ici, il en manque cruellement.

D'autres écoles à la pédagogie alternative semblent mieux armées que le Chêne vert. Nous avons ainsi pu accéder au rapport d'inspection de l'école Le Colibri à La Roche-sur-Grane, dans l'académie de Grenoble. Daté de janvier 2012, ce rapport intervient à un moment clé, après cinq années d'existence de l'école, période à partir de laquelle une école hors contrat peut demander à passer sous contrat d'association avec l'État. L'enjeu est crucial pour l'établissement,

4. Entretien du 12 janvier 2021.

qui bénéficie alors d'un soutien financier important de l'État au travers du paiement des salaires de professeurs. En contrepartie de cette manne, il dispense les enseignements conformément aux règles et aux programmes de l'enseignement public. S'il garde son caractère propre, il est toutefois obligé d'organiser l'enseignement en se pliant aux règles générales relatives aux horaires de l'enseignement public. Le passage sous contrat est aussi un argument dans la communication en direction des familles : il reste une garantie de sérieux pour que les parents choisissent d'y inscrire leur enfant.

L'école Le Colibri a été fondée au sein d'un ensemble plus vaste, le projet des Amanins, porté par Pierre Rabhi, médiatique philosophe et agronome, et un chef d'entreprise en quête de sens, Michel Valentin. Sa compagne, Isabelle Peloux, porteuse des questions « Quelle planète laisserons-nous à nos enfants, quels enfants laisserons-nous à notre planète ? », a eu l'idée, en 2007, d'une école qui soit un lieu « d'apprentissage de la générosité, de la joie de vivre, du courage[5] ».

L'école a fait le choix d'une pédagogie dite coopérative, permettant aux enfants de construire leurs savoirs en travaillant dans un premier temps en recherche personnelle, puis en échangeant leurs stratégies mentales par groupe de trois, afin d'élaborer collectivement les règles à retenir. L'enseignant joue un rôle de facilitateur en proposant un cadre favorable

5. Témoignage au cours de la session du Centre de recherche et d'action sociale (Ceras) de 2018.

à ce type de travail. Dès le primaire, l'atelier philosophique a pour but d'apprendre aux enfants à exprimer leurs pensées, à écouter celles des autres et à diversifier leurs points de vue. Le Colibri privilégie «le bien-vivre ensemble», qui apprend aux enfants à gérer une réunion pour définir ensemble leurs règles de fonctionnement. L'emploi du temps prévoit également un temps d'éducation à la paix : être en paix avec soi-même en apprenant à nommer et gérer ses états émotionnels; être en paix avec les autres en apprenant des méthodes de médiation ou par des jeux coopératifs; être en paix avec son environnement en apprenant à jardiner, à respecter la nature, et à développer son écocitoyenneté.

Autre atout, les bâtiments sont adossés à un centre agro-écologique, lieu d'accueil et de transmission, qui reçoit d'autres enfants à la journée ou en classe découverte, mais aussi des adultes. Une ferme a également été installée avec maraîchage, culture de céréales et de plantes fourragères, mais aussi des animaux : vaches, brebis, cochons, poules. Cette ferme permet aux enfants de mieux appréhender la nature et le vivant, et de mieux les respecter.

Le fonctionnement des Amanins permet de proposer des frais de scolarité de 120 euros par mois, cantine comprise. Un tarif très bas dont bénéficient les 40 enfants accueillis grâce au contrat récemment signé avec l'Éducation nationale. «L'association a la chance d'être propriétaire du domaine. Nous avons eu aussi un soutien financier de la fondation suisse Didier et Martine Primat. Mais c'est vraiment la signature du contrat avec l'Éducation nationale qui a sauvé l'école, nous explique Isabelle Peloux. Aujourd'hui l'écolage est de 30 euros par mois et le reste correspond au coût de la cantine[6].»

Sa pratique a en effet séduit l'Éducation nationale, si on en croit le rapport d'évaluation. «Les progressions, suivies avec une réelle rigueur par l'enseignante, sont en totale conformité avec les programmes des écoles primaires.» Et la vocation et la pédagogie particulières de l'école ne sont pas pour autant perdues : «Cette orientation apparaît clairement dans l'emploi du temps hebdomadaire, tout comme dans les références collectives affichées dans l'école ou dans les pratiques de tutorat et de solidarité entre élèves», écrit l'inspecteur qui conclut : «L'établissement dispense à ses élèves un enseignement visant à les amener, selon une progression cohérente et contrôlée, à un niveau de connaissances et de compétences comparable à celui des élèves fréquentant les établissements publics et privés sous contrat, comme le prévoit le décret n° 99-224 du 23 mars 1999.» Depuis cette inspection, l'école est donc sous contrat avec l'État.

Comme quoi, concilier pédagogies particulières et niveau scolaire, c'est possible. Mais comment s'y retrouver quand on est parent? En France, les rapports d'inspection sont confidentiels. Au Royaume-Uni, ils sont accessibles sur le site du ministère de l'Éducation, permettant ainsi à chacun de se faire une idée de l'école dans laquelle il veut inscrire son enfant.

---

6. Entretien du 15 février 2021.

Les démêlés de ces établissements avec l'administration tournent parfois au rocambolesque. Ainsi l'affaire récente de Living School, une école maternelle et primaire bilingue privée laïque hors contrat, située dans le 19e arrondissement de Paris, appliquant une «pédagogie d'Éducation nouvelle» centrée sur le «savoir-être» de l'enfant. L'histoire, qui illustre le problème du manque d'espace dans les villes pour accueillir de nouvelles écoles, met surtout en lumière l'étonnante absence de concertation des acteurs publics quand ils sont compétents sur un sujet, en l'occurrence l'académie et la mairie de Paris. L'établissement venait d'investir dans des locaux flambant neufs pour s'agrandir, mais il n'avait pas de cour de récréation. Alors que l'académie avait donné son feu vert, la mairie de Paris s'est opposée à l'ouverture des deux classes CM1-CM2 et sixième-cinquième, soit 24 élèves au total, au motif que «l'absence d'espaces extérieurs dévolus à l'usage des élèves» n'était pas conforme «aux prescriptions bâtimentaires relatives à l'ouverture de nouvelles écoles» et constituait «un véritable handicap au bien-être des enfants». L'école Living School a alors introduit un recours gracieux qui a été rejeté, après une visite sur place de trois agents de la Ville de Paris, et après avoir expliqué que des récréations seraient organisées au parc des Buttes-Chaumont, distant de 50 mètres, où les élèves seraient encadrés par deux adultes au moins.

La mairie a répondu que l'absence d'espace extérieur dévolu exclusivement à l'usage des élèves constituait un motif d'opposition relevant de «l'intérêt de l'ordre public ou de la protection de l'enfance et de la jeunesse». L'affaire s'est donc terminée devant le juge des référés du tribunal administratif de Paris le 1er septembre 2020. Dans sa décision que nous avons pu consulter, le tribunal a donné raison à l'école Living School et a enjoint à la mairie de Paris de suspendre son opposition à l'ouverture. Le tribunal a noté que le Code de l'éducation, ainsi que les diverses «prescriptions bâtimentaires» auxquelles les créateurs d'écoles doivent se conformer, ne mentionnent pas l'obligation d'avoir un terrain extérieur pour la détente des enfants pour pouvoir ouvrir un établissement scolaire. Il a noté que, malgré le contexte de risque terroriste, il n'était pas établi que le parc des Buttes-Chaumont présente un risque pour la sécurité des enfants. Sûre de perdre puisqu'ils outrepassaient les textes, la mairie de Paris a retiré sa décision d'opposition sans faire appel. Living School a donc ouvert. Une question demeure : est-il pertinent qu'une école puisse ouvrir sans cour de récréation ?

Dans cette nébuleuse de l'enseignement hors contrat, un autre modèle a émergé plus tardivement, mais depuis il a fait du chemin : celui des écoles démocratiques, dont certaines dites Sudbury, du nom du premier établissement fondé en 1968 sur le continent américain. Dans le top-3 de la liste des critères pédagogiques appliqués : les valeurs de bienveillance, d'égalité et de justice. Toutes les décisions concernant la vie de l'école sont prises de manière collective lors d'une réunion que les établissements Sudbury nomment en général «le conseil de Justice» ou encore «le conseil de Paix». Quels que soient son âge ou sa fonction, une personne équivaut à un vote. Cet environnement conditionne une pratique originelle de la démocratie, car si aujourd'hui tous les débats portent sur les valeurs républicaines, les parents qui font le choix d'une école démocratique se demandent avant tout si les élèves de l'école de la République vivent en démocratie. Visiblement pas assez à leur goût, au vu des inscriptions en hausse. Dans ces établissements où les liens hiérarchiques n'existent pas, il est courant de voir des élèves tutoyer leur proviseur : l'enfant ne doit pas être soumis à l'exigence de vouvoiement qui pourrait lui suggérer un lien d'infériorité. De même, on considère que l'âge représente un critère de discrimination, comme si l'enfant était asservi dans la société précisément parce qu'il est traité en tant qu'enfant… C'est pourquoi les écoles démocratiques appliquent le traitement d'égal à égal comme postulat de base.

Une autre façon de penser, mais le même point commun : s'opposer à la norme… Les parents qui vont vers ces écoles font l'effet de consommateurs partis conquérir le terrain de la réussite scolaire dans un cadre bienveillant. Ils attendent que leur enfant soit suivi dans toutes ses dimensions, pas seulement sur le plan de l'instruction. D'une certaine façon, eux aussi retournent à l'école. L'école laïque hors contrat est un idéal d'émancipation à portée universelle. Son idéologie se traduit par une attitude tolérante d'ouverture à toutes les positions philosophiques et spirituelles. Le plus généralement, elle dispense un enseignement conforme aux pédagogies alternatives prisées, adulées, des familles. Tout y est mis en œuvre pour valoriser et responsabiliser les élèves. Mais qu'en est-il du niveau scolaire ? Il apparaît très inégal selon les établissements.

Tous ces établissements hors contrat laïques surfent sur la mouvance en vogue de parentalité bienveillante et positive. Ils traduisent aussi un véritable choix de société de la part des foyers qui y inscrivent leurs enfants – finalement, comme ceux qui optent pour un enseignement confessionnel. Le communautarisme n'est pas qu'une affaire de religion...

11

Les écoles Steiner, la controverse de l'anthroposophie

« Rudolf Steiner (1861-1925), philosophe autrichien, a élaboré une pédagogie qui s'appuie sur ses conceptions philosophiques de l'anthroposophie (la science de l'esprit). Cette dernière se base essentiellement sur la créativité artistique de l'enfant et sur son ouverture au monde en s'adressant tant à la tête qu'au corps ou au cœur. Elle se fonde sur l'idée de la liberté de l'homme, convaincue que l'amour, la confiance et l'enthousiasme, en lieu et place de l'ambition, la crainte et la compétition, dotent les enfants de la sérénité et des forces qui leur seront indispensables pour avancer dans un monde incertain, y réaliser leur projet d'existence, tout en contribuant au progrès humain. Pour lui, accueillir l'enfant à l'école signifie le reconnaître dans sa singularité, établir avec lui une relation de confiance et de responsabilité. Dans sa conception de l'enseignement, l'enfant est un être autonome capable de penser, agir et sentir seul. Dans les écoles Steiner, les enfants se voient proposer des activités artistiques et pratiques (chant, danse, eurythmie, théâtre, dessin, fabrication du pain, travail du bois...), auxquelles viennent se greffer des matières plus académiques. Les talents et aptitudes de chaque enfant sont valorisés sans hiérarchisation. La tâche de l'enseignant est de favoriser l'épanouissement de chaque enfant dont il a la charge, de l'accompagner vers la découverte de sa voie originale.» Ainsi sont succinctement présentées les écoles Steiner-Waldorf[1] par la Ligue belge de l'enseignement[2]. En France, 2500 enfants sont accueillis dans 22 structures, selon le site web de la Fédération pédagogie Steiner-Waldorf[3]. Ce qui n'empêche pas d'autres écoles de s'inspirer de cette pédagogie sans être adoubées par la fédération.

Mais la personnalité du fondateur, adepte de l'occultisme et gourou, au discours ambigu sur les races, est très controversée. Plusieurs de ses descendants ont participé à l'élaboration du mysticisme nazi et l'anthroposophie a inspiré des cadres importants du parti, selon les études de l'historien Peter Staudenmaier[4]. Parmi de nombreux exemples, la société de médecine anthroposophique Weleda, celle-là même qui vend ses célèbres pastilles pour la gorge et des produits cosmétiques bio, dont il a été avéré que la branche

1. Cette pédagogie inventée par Rudolf Steiner a pris le nom de Waldorf, car la première école s'appelait «Libre école Waldorf». Elle était destinée essentiellement aux enfants des familles ouvrières de l'usine Waldorf-Astoria à Stuttgart, dans le sud-ouest de l'Allemagne.

2. Revue *Éduquer* n° 122.

3. Voir steiner-waldorf.org.

4. Peter Staudenmaier, *Between Occultism and Nazism. Anthroposophy and the politics of race in the fascist era*, Leyde, Boston, Brill, 2014.

allemande a activement collaboré avec le régime nazi, notamment pour des expériences dans le camp de concentration de Dachau. Mais les écoles Steiner ont été interdites par le régime nazi. Un profil d'organisation guère rassurant pour leur confier des enfants...

D'autant plus que « s'agissant des écoles, la prise de distance avec la philosophie du fondateur n'est pas toujours claire et les parents qui y inscrivent leur enfant ne mesurent pas tous l'ensemble des fondements théoriques qui ne sont pas sans incidence sur l'enseignement dispensé[5] », constate la Miviludes dans son dernier rapport annuel. Nous aurions bien aimé leur demander de développer leur position, mais le ministère de l'Intérieur auquel a été récemment rattachée la Miviludes a refusé de donner suite à nos multiples demandes d'interview. La Fédération Steiner de son côté se défend : « Notre objectif est entre autres de garantir une mise en œuvre vertueuse de la pédagogie Steiner-Waldorf, cela inclut précisément une attitude non dogmatique, une distance critique par rapport aux propos de son fondateur, et de l'ouverture d'esprit. Depuis de nombreuses années nous pouvons constater que les établissements affiliés ont adopté cette ligne de conduite. L'anthroposophie n'est par ailleurs pas enseignée aux élèves dans une école Steiner-Waldorf, elle sert uniquement de source d'inspiration aux pédagogues pour mettre en œuvre une pédagogie créative. Les établissements Steiner-Waldorf en France sont initialement des initiatives parentales, des structures associatives qui font

5. Rapport annuel de la Miviludes 2017. Il s'agit du dernier mis en ligne.

appel à des pédagogues. Après création, une structure peut demander à s'affilier à la *Fédération pédagogie Steiner-Waldorf en France* et à recevoir le label Steiner-Waldorf. Depuis plusieurs années, nous entretenons un dialogue régulier avec la Miviludes pour apporter des clarifications quant à leurs questions, également prendre connaissance de la nature des griefs qui nous sont reprochés par quelques parents. La Miviludes reconnaît quant à elle ne jamais avoir relevé de dérive sectaire dans nos écoles. Nous devons reconnaître néanmoins que notre communication vis-à-vis du grand public a encore besoin de s'améliorer et nous y travaillons sans relâche[6]. »

Les frais de scolarité sont variables suivant les écoles : 410 euros/mois sur 10 mois pour un accueil 5 jours par semaine à l'école maternelle Le Jardin d'églantine à Paris ; dans celle de Chatou (Yvelines), qui est sous contrat avec l'État, le prix de l'école primaire est de 122 euros/mois, 127 euros pour le collège et 130 euros pour le lycée sur 10 mois. Mais il faut ajouter pour l'école Perceval de Chatou une part variable calculée en fonction du revenu fiscal de référence de la famille. Et il y a aussi des réductions pour les fratries. Dans l'école Steiner de Haute-Alsace, un établissement hors contrat qui accueille les enfants de la maternelle jusqu'à 14 ans, on pratique « l'écolage » pour financer la structure. L'écolage est calculé en fonction du nombre d'enfants et selon un pourcentage de l'ensemble des revenus comprenant : les revenus imposables, les allocations familiales et d'autres

6. Courriel aux auteurs du 27 janvier 2021.

ressources éventuelles. Il correspond à 11 % des revenus pour un enfant, 12 % pour deux enfants et 13 % pour trois. À cela s'ajoutent une participation immobilière de 200 euros par enfant et par an et une participation aux frais pour le matériel pédagogique à hauteur de 40 euros pour l'école maternelle et 60 euros ensuite.

Une minorité d'enfants suit l'intégralité du cursus jusqu'au bac, même si des collèges et des lycées Steiner existent. Les autres vont dans des collèges ou des lycées privés ou publics. Difficile d'y voir clair sur leur niveau par rapport à ceux qui ont suivi une scolarité dans le public.

Grégoire Perra a été professeur dans plusieurs écoles Steiner et anthroposophe. Pour lui, la question de l'endoctrinement des élèves se pose[7]. « J'ai commencé par être élève dans une de ces écoles, nous raconte-t-il. Mes parents n'étaient pas du tout liés à l'anthroposophie. Comme beaucoup, ils cherchaient une pédagogie alternative et se sont fait avoir par leur beau discours. J'ai été endoctriné au cours de ma scolarité, puis je suis rentré progressivement dans ce courant ésotérique. Ça a été long et difficile d'en prendre conscience, surtout que j'ai contribué à ce système en étant moi-même enseignant. J'ai été professeur d'histoire-géographie dans l'école de Verrières de 1994 à 1996, puis professeur de philosophie, puis de français et de théâtre à temps partiel dans celle de Chatou de 2003 à mars 2007. Ce qui

7. Entretiens en novembre et décembre 2020. Son analyse complète à retrouver ici https://www.unadfi.org/groupes-et-mouvances/l-endoctrinement-a-l-anthroposophie-dans-les-ecoles-steiner-waldorf/

m'a permis de m'en sortir, c'est que j'ai été prof de philosophie dans l'Éducation nationale en parallèle, et j'ai comparé. J'ai été frappé par les différences d'organisation. À l'école Steiner il n'y a pas de directeur, mais un collège de direction où on est coopté, qui prend les décisions à l'unanimité. Donc ça ne marche pas bien. Ça marchait mieux dans l'Éducation nationale. Une fois, des élèves n'ont pas été inscrits au bac, ils ont failli ne pas pouvoir le passer. Il n'y avait pas de secrétaire et personne n'avait pensé à les inscrire, même si ça a fini par s'arranger. J'ai constaté qu'une professeure ne connaissait pas le programme. Et elle n'était pas la seule. Je n'ai pas vu ça à ce point-là dans l'école publique. Tout ça m'a interrogé sur le fonctionnement de ces écoles.»

Les écoles Steiner séduisent de nombreuses familles en assurant que les enseignants respectent réellement le rythme des élèves. «C'est faux, affirme Grégoire Perra. Ils suivent la croyance anthroposophique. Pour eux, les enfants se développent de sept ans en sept ans. Il ne faut surtout pas apprendre à lire avant 7 ans, parce que ça détruit le "corps éthérique" de l'enfant, si on apprend à raisonner avant 14 ans, on va détruire le "corps astral[8]" de l'enfant. Il faut avoir conscience que l'anthroposophie est un syncrétisme religieux mais aussi une doctrine délirante. Qui affirme, par exemple, que le cosmos s'arrête à Saturne ou que la Lune est peuplée de gnomes hurlant à chaque une fois

8. Dans l'anthroposophie, il y a trois corps : physique, éthérique et astral. Le corps physique correspond au règne minéral, le corps éthérique au règne végétal et corps astral au règne animal. Le corps humain est composé des trois.

quelle est pleine, que Mars est peuplé de dinosaures sans os ni vertèbres qui se font la guerre, etc. Cela n'est pas enseigné de manière visible dans les écoles, mais les prémices sont distillées aux élèves durant leur scolarité. Les profs mélangent les prémices de leur philosophie au socle commun de connaissances qui est obligatoire. » Selon cette philosophie, les Africains pensent avec leur cerveau arrière reptilien, les Asiatiques pensent avec leur cerveau central et seuls les Européens savent se servir du cerveau frontal. « Évidemment, ils ne le disent pas comme ça dans les cours, mais ils vont comparer le petit enfant à l'Africain, l'adolescent à l'Asiatique, et l'homme adulte à l'Européen. Le vieillard sera comparé aux Indiens d'Amérique, car pour eux ils sont les descendants dégénérés de l'Atlantide[9]. »

Chaque école reproduit au détail près la première école Steiner inaugurée en septembre 1919 à Stuttgart en Allemagne. Elle était la première école du pays dans laquelle filles et garçons de couches sociales et d'aptitudes différentes se côtoyaient en classe. Dans les années 1920, des enseignants, conquis par cet idéal d'une école progressiste, s'engagèrent dans cette nouvelle forme d'éducation. À leur initiative, entre 1920 et 1924, des cours et des conférences de Rudolf Steiner eurent lieu en différents endroits d'Allemagne, en Suisse, en Autriche et dans plusieurs pays d'Europe. Chaque école Steiner naît d'une initiative locale, sous l'impulsion de professeurs et de

9. Affirmations que l'on retrouve par ailleurs sur https://veritesteiner.wordpress.com/2021/01/14/les-races-selon-lanthroposophie/

parents qui souhaitent que leurs enfants puissent suivre leur scolarité dans une pédagogie proche de leur sensibilité. « Chaque école est un ensemble de traditions du maître qui sont répétées, poursuit Perra. Il y a une esthétique Steiner-Waldorf, une forme des chaises, du tableau, une forme des dessins. Les dessins des élèves d'écoles Steiner que vous trouvez sur Internet sont du même style graphique depuis un siècle. Par exemple, il ne faut pas mettre de limite, car tout est dans tout et il ne faut pas introduire de limites entre les êtres. Dans l'esthétique anthroposophique, il ne faut pas non plus d'angle droit, car c'est lié à Arman, le démon du matérialisme. Ils disent favoriser la créativité des élèves, mais dans les faits c'est très formaté. Il faut comme moi avoir été anthroposophe et prof dans ces écoles pour décrypter le véritable discours. »

Pour devenir enseignant dans une école Steiner, quatre années de formation dans l'un des deux instituts de la Fédération en France sont nécessaires. « Durant ce temps, on est un peu initié. Mais la plupart du temps, nous n'avons pas directement accès aux textes, c'est une tradition orale interne, car les anthroposophes ont peur qu'ils soient rendus publics. Moi j'en ai eu certains. Beaucoup ont fuité sur Internet[10]. »

La Fédération Steiner cherche à faire condamner son ancien professeur. En 2013, il a été poursuivi en

10. On peut trouver ces documents, « le Stockmeyer » – du nom de leur auteur, E. A. Karl Stockmeyer –, en accès libre : benjaltf4.me/elements-fondamentaux-pedagogie-steiner-waldorf-le-stockmeyer-documents-steiner-waldorf.

diffamation pour son article «L'endoctrinement des élèves à l'anthroposophie dans les écoles Steiner-Waldorf» publié sur le site de l'Union nationale des associations de défense des familles et de l'individu victimes de sectes (Unadfi). L'Unadfi et Grégoire Perra ont été relaxés au motif que les prévenus n'étaient pas «mus par une animosité personnelle» à l'égard des écoles Steiner, et que l'article faisait preuve «de mesure et de prudence dans l'expression».

«Ils ont recommencé récemment avec trois nouveaux procès pour diffamation suite à un autre de mes articles, "Mon expérience de la médecine anthroposophique". J'ai gagné les deux premiers, ceux intentés conjointement par la Fédération Steiner et une professeure de l'école de Verrières dont le comportement était critiqué dans l'article, en première instance au pénal devant le tribunal de grande instance de Strasbourg. Mais ils ont fait appel. Le troisième procès, celui intenté au civil par l'Association des médecins anthroposophes, est encore à venir.» Dans cet article, Grégoire Perra raconte avoir été témoin de problèmes d'emprise dans le secteur de la santé scolaire. «En tant qu'ancien élève et professeur des écoles Steiner-Waldorf, j'ai pu observer des comportements qui me semblent problématiques» : Perra prétend avoir vu un médecin scolaire anthroposophe inciter des jeunes filles entre 14 et 18 ans à ne pas utiliser la pilule, mais à opter pour une contraception basée sur la méthode Ogino et un autre refusant de pratiquer les vaccinations obligatoires. Avec l'accord des parents, ils auraient réalisé des «vaccins blancs», c'est-à-dire de faux certificats de vaccination. Une accusation mise en doute par la Fédération Steiner : « La politique vaccinale est définie dans les textes de loi et nous nous y conformons. Nos établissements publient à chaque rentrée scolaire les recommandations vaccinales du gouvernement. Les établissements Steiner-Waldorf n'ont pas de posture quant à la vaccination : il s'agit d'une question médicale qui ne relève pas du domaine pédagogique. D'autre part, la posture de la médecine anthroposophique n'est pas du ressort de la pédagogie Steiner-Waldorf : les initiatives inspirées de l'anthroposophie (agriculture, éducation spécialisée, pédagogie, médecine) sont indépendantes les unes des autres. Les établissements ne sont pas en mesure de vérifier si les médecins des parents, anthroposophes ou non, pratiquent de faux certificats de vaccination. Nous émettons cependant de fortes réserves quant aux propos de Grégoire Perra lorsqu'il cherche à généraliser certains faits isolés. Nous sommes curieux d'ailleurs de savoir comment il a pu témoigner de consultations médicales étant donné que ces dernières sont en principe privées et confidentielles. »

L'Éducation nationale s'interroge, elle aussi, sur les dérives au sein des écoles Steiner. Au cours de sa « mission de prévention des phénomènes sectaires et des phénomènes d'emprise sur les jeunes », l'inspectrice de l'académie de Versailles, dans un rapport que nous nous sommes procuré, a également contrôlé des écoles Steiner-Waldorf. Elle rapporte plusieurs dysfonctionnements[11]. « La confusion entre histoire et mythologie, entre connaissances et récits mythiques, est permanente. En histoire “Le petit âne de Marie” est l'unique support pour aborder la fuite en Égypte, trois semaines durant. Si le choix d'entrer dans l'histoire par les récits mythiques est retenu, il suppose néanmoins de la part de l'enseignant un réel questionnement sur la notion de faits historiques et sur la dimension métaphorique des exemples et des supports utilisés. Cette confusion ne permet pas aux élèves de distinguer les savoirs des mythes. Nous pouvons de fait nous interroger sur des dimensions religieuses et spirituelles qui président aux enseignements et activités, sur un effet non dit d'une dimension métaphorique imposée et non pensée. Dans cette même école, les supports écrits en cours préparatoire et cours élémentaire par exemple sont tous des extraits d'un texte, non présenté, et des affirmations qui font figure de vérité. Ainsi, lors de la leçon sur le nom, tous les écrits commencent par une phrase du type : “Elohim appela la lumière ‘jour’ et les ténèbres ‘nuit’. Puis Adam donna un nom à chaque être, à chaque chose (l'homme, la femme, le garçon, la fille).” Quelques élèves interrogés ne semblent pas connaître ce qu'est un nom propre, un nom commun. »

La note pointe « des rituels et des conditionnements » : « Le but n'est pas ici de mettre en cause la volonté de faciliter l'apprentissage des élèves par des mises en condition, mais de soulever les effets d'assujettissement et de conditionnement des méthodes

11. Note confidentielle consultée par les auteurs.

imposées, quand par ailleurs aucune place n'est laissée à l'expression personnelle des enfants, expose l'inspectrice. Dans un cours qui n'est pas une séance d'eurythmie[12], les élèves sont debout, ils frappent le sol du pied, battent des mains et font des claquements de langue pendant que la maîtresse dit : "Mon Dieu comme ils sont beaux les tremblants animaux que le givre a fait naître la nuit sur ma fenêtre" et les élèves récitent collectivement "Mon Dieu, comme ils sont beaux les tremblants animaux..." L'enseignante propose d'apprendre une nouvelle poésie, "Le reflet des choses" (sans citer l'auteur, Maurice Carême) "Je suis le reflet des choses jusqu'au bout des doigts, je suis beau et je suis moi..." L'effet incantatoire surpasse l'effet poétique.»

L'enseignement de la science semble aussi poser des problèmes de méthode. «Lors d'un cours de sciences physiques dans une école Steiner, les élèves disposent d'un cahier de sciences physiques dans lequel sont consignés des résumés de différentes séances conduites précédemment, dont voici trois extraits : "Le rouge naît quand je regarde une substance trouble en opposition à la lumière comme au lever ou au coucher du soleil. Le bleu naît quand je regarde une substance trouble dans le sens de la lumière", "Le son

12. Selon Rudolf Steiner, l'eurythmie est la sœur de l'anthroposophie et lui est intimement liée. Il s'agit d'un langage codifié qui se danse et qui permet d'aborder l'anthroposophie par des mouvements corporels typiques : «En faisant reproduire ces gestes codifiés aux enfants, on induit dans leur esprit l'idée qu'il existerait un "langage universel".» L'eurythmie serait en effet, selon les anthroposophes, «le langage de l'invisible rendu visible».

nous révèle la nature des choses et des êtres vivants", "L'être humain a séparé les instruments à cordes et à vent mais en lui, les deux sont à jamais unis". Il est difficile de penser que ces conclusions relèvent de l'expérience des élèves et introduisent des connaissances scientifiques.» En clair, ce rapport relève des techniques d'enseignement pour le moins surprenantes et des dysfonctionnements : mélange entre mythe et histoire sans que les deux soient distingués, conditionnement, insuffisances dans l'enseignement scientifique… À notre connaissance, l'Éducation nationale n'a donné aucune suite à ce constat.

L'emprise se fait dès le plus jeune âge, selon Marianne Dubois[13]. Elle en a fait l'amère expérience à l'école Steiner d'Éourres avec son fils Samuel. «Originaire du sud de la France, j'ai voulu m'installer dans un coin reculé de mon département natal avec mon fils, pour préparer ma vie d'artisan, raconte-t-elle. C'était une plongée au cœur de la nature dans un éco-village proposant une école alternative et un cadre d'inspiration naturelle, avant le retour à la ville. Je vivais ça comme une résidence d'artiste, en quelque sorte.» Cette commune rurale du département des Hautes-Alpes de moins de 150 habitants perchée officiellement à 1000 mètres d'altitude… et beaucoup plus si l'on y regarde d'un peu plus près : elle rassemble nombre de néoruraux en quête spirituelle ou d'une vie à l'écart du monde moderne.

13. Nom d'emprunt. Elle témoigne sur le blog *Rituels d'ascension*, mariannedubois.wordpress.com. Entretien du 14 décembre 2020.

Le site internet de la commune[14] nous conduit dans un univers parallèle : « La commune a refusé d'installer une antenne pour la téléphonie mobile sur son territoire. La réception y est dès lors quasi nulle. Bien sûr, elle refusera catégoriquement la pose des compteurs Linky au village. Bienvenue aux personnes électrosensibles ! » On y trouve aussi les coordonnées d'Emma, une « thérapeute métaformiste[15] et astrologue » pour « lire et harmoniser les mémoires inscrites dans le corps, à l'origine de souffrances physiques ou émotionnelles, de phobies, de blocages, de conflits ou répétitions familiales » ou une invitation à une « formation aux Instruments de Lumière[16] » où nous sommes conviés pour la modique somme de 100 euros « à prendre un bain de Lumière le temps d'un week-end de découverte et d'expérience directe. » Explications : « Gardiens de vos foyers et de l'harmonie dans votre vie, les Instruments de Lumière des Gardiens de la Flamme sont issus d'une technologie vieille de millions d'années. Ils rayonnent l'énergie, l'intelligence et la mémoire de perfection de la source de la création. Excellents alliés pour les thérapeutes, ils permettent de transmuer les mémoires, de restaurer les systèmes énergétiques et physiques, et offrent

14. www.eourres.fr.

15. La métaformie est une technique d'accompagnement thérapeutique récente, développée par Catherine Atger. Elle allie certaines connaissances de l'auriculothérapie, de l'étiomédecine et de la psychanalyse, à des protocoles dits énergétiques, afin d'aider à assimiler les événements de sa propre vie et à se libérer de blocages ou de répétitions potentiellement hérités des générations passées. Son approche est spirituelle, au sens humaniste et non religieux du terme.

16. Voir eourres.fr/event/formation-aux-instruments-de-lumiere.

élévation spirituelle et inspiration.» C'est tout de suite plus clair... Et ce village a bien sûr une école Steiner à sa ressemblance avec une dizaine d'enfants chez les 3-6 ans et une quinzaine chez les 6-12 ans.

Marianne inscrit donc son fils au jardin d'enfants destiné aux 3-6 ans en septembre 2018. «J'étais confiante, je trouve que c'est bien de prendre en compte le spirituel chez l'enfant, et la pédagogie qui prend en compte toutes les dimensions me plaisait. Mais je suis allée de surprise en surprise, nous raconte-t-elle. Tous les matins, on incite les parents à participer à une ronde autour de la table des saisons avec un rituel de présentation. La jardinière, nom de la maîtresse des petits, choisit ainsi un enfant qui va allumer un grand cierge. C'est la cérémonie dite de la table des saisons. Sur une table sont disposés des éléments symbolisant la saison en cours, feuilles d'arbre, fruits, etc. C'est une manière de rendre un culte aux esprits des éléments. Et il y avait beaucoup de chants à connotation religieuse d'inspiration chrétienne mâtinée d'anthroposophie.» Plus largement, c'est toute l'atmosphère du village qui est marquée par cette mouvance spirituelle.

Marianne est rapidement alertée par les mots et le comportement de son fils au contact des jardinières d'enfants et de la cuisinière. «La première chose qui m'a fait tiquer, c'est quand il m'a dit qu'il allait aller voir ses frères et sœurs. J'ai découvert qu'on leur disait qu'ils devaient tous se considérer comme une fratrie. Je lui ai expliqué que ses petits amis étaient des camarades d'école, pas ses frères et sœurs. Un soir, il me dit qu'il ne doit plus boire de lait ni manger de yaourt car ça rend malade. À trois ans, ça ne peut être que sous l'influence des encadrantes.» Juste avant Noël, Samuel déclare à sa maman : «Je dois arrêter de t'aimer pour m'aider tout seul!» «Là j'ai été estomaquée, poursuit Marianne. Je me suis dit, mais qu'est-ce qu'elles racontent aux enfants?»

Nouvelle alerte pour l'anniversaire de son fils. «Les jardinières proposent pour chaque enfant un goûter spécial, marqué d'un petit présent. Quand je suis allée le chercher à l'école, il m'a tendu les dessins de ses camarades, ainsi qu'un petit lutin sans visage, en feutre bleu foncé. Il l'appelait «le réparateur de bobos». Samuel me l'a repris aussitôt des mains, et l'a tenu fermement contre lui. Cette réaction m'a intriguée : d'ordinaire, il était content de me montrer ses jouets ou ses objets, et me les prêtait volontiers. J'étais dérangée par l'aspect de cette figurine, qui me renvoyait spontanément à un archétype de la peur. On aurait dit un pénitent, appuyé par un chapeau long et pointu aux deux tiers de l'objet, avec des coutures m'évoquant davantage des sutures apparentes que de la couture décorative. Quand nous sommes rentrés et que nous avons été bien installés au salon, Samuel a placé son lutin à un endroit où il pouvait le voir de partout. Un peu plus tard dans la soirée, il s'est cogné le genou. D'habitude, il venait tout de suite me demander un bisou magique; là, il s'est dépêché de prendre son lutin tout en pleurant, et a refusé ma présence. Je souhaitais l'aider et le réconforter mais il m'a répondu fermement : "Non, maman, je n'ai pas besoin de toi, c'est mon lutin qui me répare!" Je ne savais pas comment prendre son refus, et par peur de nourrir une fixation, je l'ai laissé tranquille. Les trois jours suivants, son lutin lui était comme indispensable, il fallait qu'il soit toujours à portée de vue. Et en parallèle je trouvais Samuel fermé, quelque chose avait changé en lui. Cela m'a rendue inquiète et mal à l'aise. Comment un objet inanimé pouvait-il réussir à interférer sur le lien affectueux et aimant que je porte à mon fils lorsqu'il ne va pas bien ? Je l'ai vécu comme une intrusion dans notre espace. Dans le même temps, j'ai réalisé que je n'arrivais toujours pas à connaître le rythme de ses journées à l'école, ou la composition de ses repas. »

Le temps passe, le lutin reste toujours aussi présent dans la vie de Samuel. « Une nuit, il m'a demandé de dormir avec ce nouvel ami. J'ai refusé. Il est alors rentré dans une colère noire, ce qui m'a sidérée, et il a insisté sur le fait que son lutin réparait ses bobos. Le lendemain, profitant de sa journée en classe, j'ai décidé de lui enlever ce "lutin maléfique", et je l'ai rangé dans un coin d'armoire inaccessible. J'ai réorganisé l'espace de sa chambre, tout en lui ressortant des jouets oubliés. La semaine passe au rythme des nouvelles activités que j'ai organisées pour lui changer les idées, et d'histoires drôles avant de l'endormir. Mais la semaine d'après, il s'est mis à chercher de nouveau le lutin avec insistance, dès la sortie de l'école. Ne cédant pas, je lui ai inventé une histoire, lui expliquant que le lutin avait choisi de repartir dans la forêt pour rejoindre sa famille. Je redouble de réconfort et de confiance sur le fait que je suis une bonne réparatrice de bobos, et que le lutin a aussi une maman pour s'occuper de lui. Après quelques secondes d'interrogation, Samuel comprend et me serre fort en me couvrant de bisous. Mais à partir de là, mes doutes concernant cette école ne cessent de grandir et une peur froide me prend aux tripes quant aux questions alarmantes qui m'agitent. Qu'est-ce que les jardinières mettent dans la tête des enfants ? »

Marianne se propose alors pour venir de temps en temps aider les enfants à manger à la cantine. « J'ai découvert que les repas sont non seulement végétariens, mais aussi sans œufs, ni lait. Au prétexte que des parents sont végétaliens, il fallait que tout le monde mange comme ça pour ne pas faire de différence entre les enfants. Cela m'a choquée. Surtout que j'ai eu deux entretiens préalables avant d'inscrire Samuel et on ne m'a rien dit. Et je suis tombée des nues quand j'ai vu la cuisinière parler de karma aux enfants. » La cuisinière lui tiendra aussi des propos contre la vaccination des enfants : « Elle m'a dit que j'avais fait une grosse erreur en vaccinant mon fils, que je lui avais inoculé des maladies qui se déclencheraient à l'âge adulte. J'ai découvert que les enfants n'étaient pas vaccinés, sauf deux. Et effectivement, je me suis rappelé que, lorsque j'avais apporté le carnet de vaccination lors de l'inscription, la jardinière ne l'avait même pas regardé. » Aux vacances de Pâques, Marianne décide de retirer son fils de l'école. « La jardinière a tenté de s'y opposer en me disant : je ne suis pas d'accord pour que tu retires ton fils de l'école. » Des voisins et des habitants multiplient les remarques sur son manque d'adhésion aux valeurs du village et sur le fait qu'elle pose trop de questions. Finalement, Marianne et son fils ont quitté Éourres. Depuis décembre 2019, l'école n'est officiellement plus affiliée à la Fédération Steiner. Mais le petit village demeure toujours dans son monde…

Sollicitée, la Fédération Steiner nous a apporté ses explications : «L'école Steiner d'Éourres est un établissement primaire sous contrat simple[17] avec l'Éducation nationale depuis fort longtemps, elle n'est pas une école maternelle mais une micro-crèche municipale. Le label de cet établissement a été retiré suite à un changement d'équipe et de projet pédagogique le 18 décembre 2019, mais nous n'avons pas relevé de dysfonctionnement au sein de l'établissement. Le retrait du label est un processus que nous réalisons avec soin et qui demande pour cela un peu de temps, mais il est certain que la ligne pédagogique de cet établissement n'était plus en adéquation avec celle de la pédagogie Waldorf depuis plusieurs mois.» Contactée, l'école d'Éourres ne nous a pas répondu.

Beaucoup de parents choisissent de mettre leur enfant dans une école hors contrat en raison d'un handicap ou de difficultés d'apprentissage auxquels l'école publique ne peut pas s'adapter. En choisissant

17. Le contrat simple est réservé aux écoles maternelles et élémentaires qui le souhaitent, et aux établissements éduquant des jeunes en situation de handicap. L'établissement organise alors l'enseignement par référence aux programmes et aux règles générales relatives aux horaires de l'enseignement public. Ce n'est qu'une «référence» aux programmes scolaires et non le respect complet des règles et programmes de l'Éducation nationale dans le cas du contrat d'association avec l'État.

une école Steiner qui prétend respecter chaque enfant dans son individualité, ils pensent trouver un accueil bienveillant et une attention particulière. Pourtant, l'inspectrice de l'académie de Versailles note dans ce type d'écoles « des besoins éducatifs non respectés » pour des enfants en situation de handicap. « Le plus inquiétant est certainement l'improvisation observée concernant les enfants à besoins éducatifs particuliers. Au sein de l'école Steiner, dans une classe qui pourrait s'apparenter à une CLIS[18], les élèves ne sont pas nécessairement "reconnus" en situation de handicap. Le diagnostic est en effet posé par les enseignants qui émettent des hypothèses quant aux troubles de ces élèves (troubles du comportement ou troubles psychiques), évaluent les répercussions sur les apprentissages et les réponses à apporter. Il est rappelé que les enseignants n'ont pas compétence pour procéder à ces diagnostics et qu'un travail avec les partenaires de soins et la maison départementale des personnes handicapée (MDPH) est obligatoire pour déterminer les obstacles aux apprentissages et proposer des réponses adaptées. L'amateurisme dans ce domaine est grave. Il ne garantit pas aux enfants confiés par les familles une prise en charge protectrice et responsable, pas plus qu'il ne respecte leur droit fondamental à l'instruction, ni, compte tenu de leurs besoins éducatifs particuliers, les chances de réussite et d'acquisition des compétences du socle commun. »

18. Classe pour l'inclusion scolaire. En septembre 2015, l'Unité localisée pour l'inclusion scolaire ou ULIS a remplacé la CLIS.

Un témoignage que nous avons recueilli corrobore ce constat en pointant des dérives graves dans la prise en charge des enfants en situation de handicap. Viviane[19] a choisi de scolariser son fils souffrant de dyspraxie et de dysorthographie dans une école Steiner. « L'école publique n'était pas en mesure de prendre en charge Jean, raconte sa mère. L'institutrice m'a dit qu'elle ne pouvait rien faire pour lui, car ça allait trop vite. Il n'arrivait pas à écrire. La maison départementale des personnes handicapée (MDPH) ne proposait la présence d'une auxiliaire de vie scolaire qu'une demi-journée par semaine. Autant dire, rien. J'ai donc cherché autre chose. Et j'ai trouvé cette école Steiner ; j'ai été séduite lors de la journée portes ouvertes : c'était une ambiance sympa, les classes très colorées. J'ai même suivi quelques cours sur la philosophie Steiner qui étaient proposés en dehors de l'école. La première année s'est plutôt bien passée. Les élèves ne font que des lettres, ils les regardent, les dessinent, les dansent. Je trouvais ça intéressant, même si en fin d'année Jean ne savait toujours pas lire. Mais en seconde année, j'ai découvert qu'il était frappé par les autres enfants et mis à l'écart. Ils le surnommaient "le porc" car il a du mal à manger proprement avec une fourchette. L'école ne m'a jamais prévenue. Après maintes requêtes, la responsable m'a assuré qu'ils allaient faire le nécessaire pour mettre fin aux violences. Mais en pratique, rien n'a été fait. Côté enseignement, je ne voyais toujours aucune évolution, Jean dessinait toujours les lettres

19. Le prénom a été modifié. Entretien du 2 décembre 2020.

mais il n'apprenait pas les sons. J'ai demandé qu'on passe à l'ordinateur pour mon fils, comme cela m'était recommandé par des éducateurs spécialisés. L'enseignante refusait d'échanger avec moi à ce sujet. Un des anciens encadrants de l'école est venu me voir et m'a tenu un discours incroyable pour expliquer son retard : "Jean est du signe du Scorpion, tu sais..." Finalement, l'école a proposé de lui fournir une machine à écrire ! j'étais furieuse, une machine à écrire au XXIe siècle ?! Là, j'ai compris qu'ils n'avaient pas l'intention de s'occuper du handicap de mon fils. J'ai pensé le retirer de l'école mais je me sentais prisonnière, car Jean ne savait toujours pas lire. Où l'inscrire ? »

Viviane décide donc de le laisser une année de plus. Un nouveau prof arrive, « perçu comme un dieu », raconte la maman. « Il passait d'école en école, comme prof remplaçant haut de gamme qui avait eu accès aux enseignements secrets de Steiner sur l'éducation. » Les enseignements secrets ? « Il s'agit des contenus de plusieurs livres secrets auxquels ont accès seulement les "grands professeurs". C'est là où se fait la connexion entre la pédagogie et l'anthroposophie, explique Grégoire Perra. On doit s'engager à restituer les livres après les avoir lus sans en faire de copie. Le prof de base n'a pas accès à tout. » Très vite, Viviane s'aperçoit que les violences contre son fils continuent de la part des enfants. Une fois encore, ce même encadrant vient la voir pour donner une explication : « La cour de récréation doit s'autoréguler, car elle est le reflet de l'ordonnancement du cosmos. Donc il est normal que les adultes n'interviennent pas.» Et là, il ajoute que si Jean est handicapé, c'est qu'il a commis des fautes dans une vie antérieure et qu'il doit vivre pour se faire frapper en réparation de ce péché!» Viviane raconte aussi que les responsables essaient de la culpabiliser, affirmant que le problème vient d'elle, qu'elle est une mère trop protectrice.

«C'est tout à fait dans leur logique, c'est cohérent avec leur doctrine, confirme Grégoire Perra. Comme, pour eux, les êtres humains se réincarnent, il faut laisser les enfants régler leur compte karmique entre eux.» La Fédération Steiner conteste : «Nous n'avons connaissance d'aucune idée que le handicap puisse trouver son origine par un péché dans une vie antérieure dans l'anthroposophie et cette affirmation est contraire aux principes que nous défendons; elle est même choquante. L'anthroposophie est une approche profondément humaniste qui cultive le plus grand respect vis-à-vis de la diversité des destins et veille en particulier à ceux qui sont en difficulté. Les établissements Waldorf font tout leur possible pour se conformer aux normes de bâtiments permettant d'accueillir les personnes touchées par un handicap. Concernant le handicap mental, l'anthroposophie a donné naissance à un grand mouvement international, la pédagogie curative, engagé dans l'accompagnement du handicap mental pour aider à offrir une vie la plus épanouie possible à ces personnes que la société moderne peine à intégrer.»

Mais au détour d'une conversation, Viviane apprend que l'enseignant frappe également son fils. «Un de ses copains a dit dans la voiture : "Le maître, il n'est pas gentil avec Jean." Il a ajouté qu'il le tapait. J'ai demandé à mon fils qui m'a confirmé que oui, le maître le frappait régulièrement. J'étais furieuse, d'autant que le prof avait ordonné à mon fils de ne pas me parler de ce qui se passait dans la classe. J'ai demandé immédiatement une réunion de crise. Elle s'est tenue en présence de la directrice et du professeur mis en cause. Le conseil d'administration de l'école a refusé de me recevoir. À la suite de cette rencontre, le maître a cessé de s'en prendre à Jean, mais il ne s'est rien passé d'autre. Finalement j'ai retiré mon fils, je lui ai moi-même appris à lire et à écrire et je l'ai inscrit dans une école Montessori qui venait d'ouvrir avant qu'il intègre un collège privé. Aujourd'hui il est dans un lycée public.»

«La mésaventure de Viviane montre combien il est difficile de sortir de ces écoles Steiner une fois que l'enfant y est inscrit, estime Grégoire Perra. Et ils ne veulent pas qu'il en sorte car pour eux, leur pédagogie est là pour sauver l'âme des enfants et leur permettre de rencontrer le Christ cosmique, la grande entité sublime du soleil, et éviter d'aller dans la race des méchants. L'anthroposophie est une doctrine qui provoque des états de violence. Le prof est tout-puissant dans ces écoles, il ne voit pas ce qu'il pourrait s'interdire. Dans l'Éducation nationale il y a une mission statutaire, un cadre institutionnel, un règlement. Pas dans ces écoles.» Selon Perra, on n'est pas loin d'une dérive sectaire.

Un an après le départ de son fils de l'école, en 2015, Viviane a trouvé la force de porter plainte contre l'enseignant et contre l'école. «Cette démarche était difficile pour moi, j'avais eu des pressions de la part de personnes engagées ou gravitant autour de l'école après qu'il l'a quittée.» La famille d'un autre enfant – autiste – a également porté plainte, car leur fils était livré à lui-même. Auditionné, le professeur a reconnu avoir «donné une taloche derrière la tête une fois à Jean alors qu'il chahutait». Il a nié avoir donné des coups régulièrement. Le procureur a requis six mois de prison avec sursis et trois ans d'interdiction de travail en lien avec des enfants. Mais aucune mise en cause directe de l'école. Finalement, les deux familles ont été déboutées par le tribunal en novembre 2020 au motif que «l'incident n'avait pas excédé le pouvoir disciplinaire de l'enseignant». Les témoignages des deux enfants qui relataient des mauvais traitements réguliers n'ont pas été pris en compte, déplore Viviane.

Le plus surprenant, au vu de ce tableau, est que deux de ces écoles Steiner soient sous contrat d'association avec l'État, celles de Verrières-le-Buisson et de Chatou. À moins que les inspecteurs ne soient sciemment trompés? «Quand ils viennent dans ces écoles, on nous demande de faire des cours spécialement pour eux, avec d'autres cahiers. Pour un cours d'histoire, les élèves avaient recopié des cours sur photocopie dans un cahier en prévision d'une inspection. Moi-même je l'ai fait en tant que prof au cours d'inspections. Dans mon cas, c'était lors d'une inspection de sécurité. On était au moment de la Saint-Michel, la salle de classe ressemblait plus à une salle de cérémonie qu'à une salle de classe, avec des bougies, des décos. J'ai fait le ménage en urgence», raconte Grégoire Perra. Là encore, nous aurions bien aimé pouvoir en discuter avec le ministère de l'Éducation nationale... La Fédération Steiner, elle, conteste ces pratiques.

La Fédération des écoles Steiner et plus largement l'anthroposophie disposent de relais influents. L'affaire de l'école Le Domaine du possible, fondée en 2014 par Françoise Nyssen et son mari Jean-Paul Capitani, est-elle révélatrice de cette influence? Françoise Nyssen est une figure emblématique du monde de la culture. Directrice de la maison d'édition Actes Sud, elle est aussi présidente du festival international de Théâtre de rue d'Aurillac, présidente de la Maison de la poésie à Paris, présidente du Centre national d'art vocal Musicatreize à Marseille et présidente de l'association de gestion du Festival d'Avignon. Elle a également occupé le poste de ministre de la Culture sous le gouvernement d'Édouard Philippe entre mai 2017 et octobre 2018. Bref, c'est une personnalité dont les fonctions et le réseau peuvent aider à rendre crédibles un projet et une institution. Françoise Nyssen et Jean-Paul Capitani ont aussi vécu un drame personnel : le suicide de leur fils, un élève précoce et en souffrance, à l'âge de 18 ans. Dans un article du *Monde* daté de 2016[20], le couple parle d'une même voix contre «l'idéologie de l'école en France» : «L'école n'a pas pu résoudre les problèmes

20. lemonde.fr/education/article/2016/10/10/la-possibilite-d-une-ecole_5010966_1473685.html.

d'apprentissage d'Antoine. Nous avons parlé avec les maîtres, les directeurs, les autres parents, et nous sommes retombés sur cet incroyable gâchis et ce déni d'égalité sous prétexte d'égalitarisme. Les maîtres de l'école d'aujourd'hui sont là pour évaluer au plus près les apprentissages, cerner les "manquements" et sélectionner "le meilleur" selon la méthode et le programme : nous ne formons pas des citoyens, mais nous tendons vers la formation d'une élite, tout en sacrifiant les autres. » C'est cette blessure qui a conduit le couple à lancer son projet d'école alternative. Françoise Nyssen le décrit ainsi : « Enseigner sans douleur, sans confrontation inutile avec la compétition. » La direction pédagogique du Domaine du possible est confiée à Henri Dahan, ancien délégué général de la Fédération Steiner-Waldorf en France. Son épouse Praxède est également impliquée. Le site internet de l'école Steiner Les boutons d'or à Éguilles, près d'Aix-en-Provence, la présente ainsi : « Praxède Dahan enseigne l'eurythmie dans les écoles Steiner-Waldorf depuis trente-cinq ans, elle est également formatrice à Didascali[21] et a participé à la fondation de l'école d'eurythmie Intervalles d'Arles[22]. » Les débuts de l'école semblent prometteurs, ainsi que le rapporte en juillet 2017 un article laudatif du *Parisien*[23] qui décrit un cadre idyllique « de 120 hectares parmi les chevaux de Camargue, les potagers, les oliviers et autres vignes » et des parents enthousiastes et reconnaissants.

21. Un organisme spécialisé dans la formation à la pédagogie Steiner.
22. www.steiner-aix.org/actualites ? actu=14.
23. www.leparisien.fr/culture-loisirs/francoise-nyssen-son-ecole-ideale-entre-oliviers-et-vergers-28-07-2017-7161717.php.

Dans ce même article sont balayés d'un revers de main les mots de Jean-Luc Mélenchon qui accusait la ministre de la Culture d'alors d'être « plus ou moins liée aux sectes[24] », une allusion voilée à sa proximité supposée avec l'anthroposophie. « C'est indécent, honteux et méchant », réagissait Jean-Paul Capitani. Mais alors pourquoi la direction a-t-elle fait le choix de ne pas affilier officiellement l'école à la Fédération Steiner ? « Parce qu'en France il y a beaucoup trop de préjugés à l'égard du spiritualisme et contre Steiner en particulier », justifiait Jean-Paul Capitani au journal de la section pédagogique du Goetheanum, le siège de la Société anthroposophique universelle[25].

Pourtant, un an plus tard, en juillet 2018, sort dans *Le Monde diplomatique*[26] une enquête du journaliste Jean-Baptiste Malet qui fait grand bruit. Il dévoile entre autres que les enfants du Domaine du possible ont participé à une cérémonie initiatique, « la spirale de l'Avent », sans que les parents en aient été informés au préalable. Cette cérémonie a lieu chaque année en décembre, dans toutes les écoles Steiner de la planète. Elle se déroule dans une grande salle entièrement plongée dans l'obscurité. Sur le sol, des branches de pin forment une spirale, au centre de laquelle brûle un grand cierge. Durant le rituel, les

24. Ces propos ont été tenus le 18 mai 2017 sur BFM TV alors que, candidat aux législatives, il faisait campagne à Marseille. La vidéo de cette séquence est introuvable, mais deux journalistes ont mentionné cette citation sur Twitter : twitter.com/clarkent2007/status/865180615431335936 https://twitter.com/francoisgapihan/status/865166670846984192.

25. *Pädagogische Sektion Rundbrief*, Dornach (Suisse), nº 58, 2016.

26. www.monde-diplomatique.fr/2018/07/MALET/58830.

élèves les plus âgés remettent une bougie aux plus jeunes. Tandis qu'élèves et professeurs chantent religieusement dans le noir, et quelquefois en allemand, y compris dans les pays non germanophones, les enfants porteurs d'une chandelle, encerclés par la totalité des membres de l'école, progressent seuls à l'intérieur de la spirale. Parvenus au centre, ils doivent allumer leur cierge et accomplir le chemin du retour. « Cette liturgie symbolise le mouvement d'intériorisation de l'âme durant l'hiver, puis son redéploiement vers l'extériorité du monde, explique Grégoire Perra. Aller au centre de soi-même, cela signifie trouver le Christ qui va naître à Noël. »

Henri Dahan, le directeur pédagogique, fait les frais de cette enquête : il est renvoyé dans la foulée de sa parution et remplacé par Jean Rakovitch, un ancien enseignant en éducation de l'université Lumière Lyon 2. Sur le site internet de l'école, ce dernier signe un billet pour expliciter leur approche, dans lequel il écrit : « Partant du réel et de préoccupations concrètes que rencontrent nos élèves, nos méthodes, qui puisent dans le grand conservatoire séculaire des pratiques actives en éducation (Dewey, Montessori, Decroly, Cousinet, Freinet et d'autres) et de la pensée humaniste contemporaine (Morin, Serres...), visent donc à aiguiser l'inclination naturelle de l'Enfant pour le savoir, à l'étayer dans ses démarches de recherche et dans son cheminement intellectuel vers la conceptualisation. » Désormais, donc, exit Steiner. Pourtant, en analysant ce site, nous avons trouvé trace du même texte... mot pour mot, et qui dans sa version précédente mentionne la pédagogie Steiner.

Face au scandale, le journal *La Provence* a raconté la crise de cette école[27] et donné la parole à ses deux fondateurs, dont on perçoit l'embarras. Ils tentent de déminer : « J'ai choisi de faire une coupure claire avec l'école », déclare Françoise Nyssen, qui est alors encore ministre. « L'anthroposophie, ce n'est pas mon truc, ajoute Jean-Paul Capitani, on a été confiants... » On a du mal à comprendre et à croire que des personnes aussi cultivées n'aient rien su de la spiritualité anthroposophique. D'autant que Françoise Nyssen a parlé au journal *Nouvelles de la Société anthroposophique en France*[28]. « J'ai toujours été dans une espèce de rationalisme, et il a fallu un choc, un drame, pour que tout d'un coup le voile se déchire et que la spiritualité parvienne au centre de ma vie », confie-t-elle.

Ce revirement du couple Capitani-Nyssen interroge : ont-ils été imprudents ? A-t-on exploité leur drame et leur chagrin ? N'assument-ils pas ce qui s'est passé dans leur école ? Jointe par téléphone, Françoise Nyssen botte en touche[29] : « On a voulu atteindre la ministre et le gouvernement avec cette fausse polémique sur mon école. Dès que je suis revenue dans la vie civile, j'ai repris tout de suite mon engagement au sein de l'école. Et j'y suis en ce moment plus que jamais. C'est un projet qui me semble ontologique, essentiel. Au début, nous avions

27. www.laprovence.com/actu/en-direct/5155294/crise-a-lecole-creee-par-francoise-nyssen-a-arles.

28. *Nouvelles de la Société anthroposophique en France*, Paris, septembre-octobre 2015.

29. Entretien du 22 janvier 2021.

un directeur qui n'était pas bon tout simplement, et dont nous nous sommes séparés. C'est la vraie vie, on se trompe. Comme il venait des écoles Steiner, on a tout de suite brodé là-dessus. Du grand n'importe quoi ! Le Domaine du possible n'a jamais été une école Steiner. Il y a beaucoup d'attaques contre les écoles Steiner à cause de l'anthroposophie. On m'a même taxée d'anthroposophe et je ne sais pas ce que c'est, cela ne m'intéresse pas, ce n'est pas du tout mon propos. Il y a des choses dans ces écoles-là qui sont intéressantes : ce sont des écoles qui sont assez inclusives par rapport à des enfants dans leur diversité, qui font une place importante à l'artistique. Nous ne voulons pas les rejeter. La problématique, c'est qu'Henri Dahan n'évoluait pas vers une expérience collective avec son équipe et avec les enfants. C'est cela qui est apparu dans les trois ans que nous avons passés ensemble. Le Domaine du possible n'est pas une école d'une méthode quelle qu'elle soit. C'est une école des enfants, pour les enfants. Comme le dit Montaigne, l'important c'est d'allumer le feu sous le chaudron plutôt que le remplir. »

La page Steiner, en tout cas Dahan, est désormais tournée. « L'école accueille aujourd'hui 70 enfants, se réjouit Françoise Nyssen. On a une équipe pédagogique formidable. Nous avons réussi à avoir une mixité sociale. Le coût moyen de la scolarité est de 3400 euros, selon les revenus, sachant que le coût total annuel pour un enfant varie entre 9000 et 11000 euros. Donc il faut trouver le reste. On a même un fonds de dotation pour aider les parents en difficulté. »

L'école vient de signer un premier contrat avec l'Éducation nationale. « On avait cinq années d'existence, donc on a pu obtenir un contrat d'association pour les salaires des professeurs et nous avons aussi signé un agrément de l'enseignement du ministère de l'Agriculture. Des élèves qui veulent suivre une filière plus agricole peuvent le faire chez nous. »

Françoise Nyssen ne manque pas de projets pour Le Domaine du possible. « On rêve d'ouvrir un internat. Nous avons bien l'intention de monter aussi un lycée écologique et artistique. Cette école est un long chemin. On part d'une maison d'édition. Et nous sommes des citoyens. On s'intéresse au local, même si on travaille aussi à l'international. On a développé des activités sur Arles, un lieu de partage du sens, un lieu d'exposition, on accompagne des artistes. On a une collection de livres qui s'appelle "Le Domaine du possible". C'est donc assez logique et cohérent de s'intéresser aussi à l'éducation. »

De son côté, Grégoire Perra, le lanceur d'alerte, se réjouit de voir que « le public commence à comprendre que, derrière la belle façade, il y a autre chose ». « On avance, même si le prix à payer est parfois lourd au niveau personnel... Je travaille régulièrement avec la conseillère Éducation nationale de la Miviludes, je leur envoie des informations et elle les répercute à l'Éducation nationale. Les écoles Steiner ont un discours bien rodé en faisant le pari que les parents ne vont pas aller chercher plus loin sur Internet. C'est une doctrine de dissimulation, de malhonnêteté. Je mène ce combat pour sauver des enfants. Au moins une famille par mois me contacte pour me raconter son histoire ou me dire que mon blog l'a aidée à s'en sortir. »

Tous ne portent toutefois pas un avis aussi critique sur la pédagogie Steiner. Thomas Jallaud, directeur de Fabert, une société spécialisée dans l'information et le conseil en matière d'éducation, ne constate de son côté pas de signalement de dérives. « Nous avons un centre d'orientation pour les élèves, donc nous rencontrons beaucoup de monde. Je n'ai jamais eu d'indication d'emprise ni repéré de problèmes particuliers. Nous avons eu des familles contentes des écoles Steiner. Mais il est vrai que c'est un modèle particulier, en rupture avec l'Éducation nationale, même pour les établissements qui sont sous contrat. En France, c'est un peu la pensée unique de l'Éducation nationale qui règne... »

De fait, le modèle des écoles Steiner est clairement en rupture avec cette dernière, même pour les établissements sous contrat. En Suisse comme en Allemagne, ce sont des écoles reconnues qui fonctionnent plutôt très bien. Mais notre enquête montre que des dérives peuvent exister en raison de la proximité avec le courant anthroposophique et ses possibles emprises. Si on choisit d'envoyer son enfant dans ce type d'établissement, une vigilance particulière s'impose.

12

Les réacs contre l'école publique

Aux yeux des réacs de tout poil, l'école de la République porte une lourde responsabilité[1] : celle de la décadence de la France. « Nivellement par le bas », « égalitarisme », « déclin », « illettrisme », « individualisme et idéologie permissive de Mai-68 », « dogmes mondialistes appliqués à la politique éducative », école aux mains des « pédagogols » ou « pédadémagogues » : voici, en quelque sorte, les sept péchés capitaux de l'école publique... Péché est le mot, car la mouvance réac est souvent liée aux cathos « tradis » de la Manif pour tous, voire aux intégristes de la Fraternité Saint-Pie-X. Mais pas seulement. On en trouve aussi de gauche. Pour eux, les « sociologues », les « pédagogues » sont responsables du délabrement éducatif français. Pour faire entendre leur voix, ils n'hésitent pas à surjouer la dramatisation, comme en témoignent les titres de certains de leurs ouvrages :

1. Cette introduction doit beaucoup au livre passionnant de Grégory Chambat, *L'École des réac-publicains*, Paris, Libertalia, 2016.

Le pire est de plus en plus sûr : enquête sur l'école de demain[2], *Autopsie de l'école républicaine*[3], *Ces profs qu'on assassine*[4], *L'école est finie*[5] et tant d'autres.

Lorsque Jean-Michel Blanquer est nommé ministre de l'Éducation nationale à la suite de l'élection d'Emmanuel Macron, en mai 2017, la mouvance réac soupire d'aise. Cet agrégé de droit public est un homme de droite, passé au macronisme par opportunisme, et qui connaît parfaitement les rouages du « mammouth ». Il a notamment occupé le poste de directeur général de l'enseignement scolaire (DGESCO). Passé par le prestigieux lycée de l'élite Stanislas, ancien directeur de l'Essec, proche du think tank Institut Montaigne qui défend une vision libérale de l'enseignement, il a tout pour leur plaire. Il a même accepté une intervention en vidéo pour Sens commun[6], le micro-mouvement politique proche de la Manif pour tous et une intervention auprès du réseau des écoles Espérance Banlieues, des établissements privés qui pensent l'implantation de leurs écoles comme les colons partaient en Algérie. À peine nommé rue de Grenelle, il accorde une interview exclusive... à l'association SOS Éducation, réputée proche de la droite de la droite. Deux jours plus tard, l'interview disparaît... Le journal *Les Inrocks* dévoile que « parallèlement,

---

2. Natacha Polony, *Le pire est de plus en plus sûr. Enquête sur l'école de demain*, Paris, Mille et Une Nuits, 2011.

3. Michel Segal, *Autopsie de l'école républicaine*, Marseille, Autres temps, 2008.

4. Véronique Bouzou, *Ces profs qu'on assassine*, Paris, Jean-Claude Gawsewitch, 2009.

5. Jacques Julliard, *L'école est finie*, Paris, Flammarion, 2015.

6. senscommun.fr/etats-generaux-leducation-en-debat-a-marseille.

une revue intitulée *Et si j'étais ministre*, prévue pour le 12 mai et éditée dans la collection “Réfléchir” des éditions SOS Éducation, avec une reproduction de l'entretien, a elle aussi disparu des radars. Or, en faisant une recherche dans le cache internet, on découvre que le sommaire de *Et si j'étais ministre,* a légèrement changé. Le premier entretien de la série aurait dû avoir lieu avec... Jean-Michel Blanquer, devenu ministre. Parmi les autres intervenants de cette revue, un autre nom a subitement disparu, celui de l'inspecteur général Christophe Kerrero... nommé directeur de cabinet du ministre Jean-Michel Blanquer[7]. »

« Blanquer est arrivé rue de Grenelle avec l'entourage de François Fillon, ce n'est un secret pour personne », dit sans ambages Lionel Devic[8], de la Fondation pour l'école, qui défend la liberté d'enseignement et est proche des idées de l'ancien candidat LR à l'élection présidentielle. Christophe Kerrero, son directeur de cabinet de mai 2017 à juillet 2020, a été membre du conseil scientifique de l'Ifrap[9], un lobby ultra-libéral qui milite pour la réduction des effectifs de fonctionnaires. Ce qui au passage ne manque pas de saveur quand on sait que l'Éducation nationale emploie la moitié des fonctionnaires de l'État. Un tableau qui offre en tout cas de grands

7. www.lesinrocks.com/2017/05/19/actualite/actualite/en-cachette-la-sulfureuse-association-sos-education-efface-tous-ses-liens-avec-le-nouveau-ministre-de-leducation-nationale.

8. Entretien du 15 janvier 2021.

9. Fondation pour la recherche sur les administrations et les politiques publiques, un think tank créé en 1985 par Bernard Zimmern (source : Wikipédia).

espoirs pour toute cette mouvance qui ne jure que par le privé et nourrit le rêve de faire gagner la logique de marché sur celle du service public. Et ils sont persuadés d'avoir aussi le soutien du président de la République lui-même. Macron n'était-il pas une des plumes de Jacques Attali, qui prônait une vision libérale et entrepreneuriale de l'école ?

Mais les choses ne se sont pas passées comme prévu. Blanquer s'est bien attaqué à l'école publique[10]. « Il est convaincu que l'école doit se conformer au nouveau monde hypercompétitif dans lequel nous sommes entrés, où chacun doit s'adapter pour survivre, prendre des risques pour s'améliorer et surpasser les autres pour espérer s'en sortir », écrit Saïd Benmouffok, professeur de philosophie et conseiller de la maire de Paris, Anne Hidalgo. Ce projet élitiste s'est traduit dans sa politique. La réforme du lycée et du bac a favorisé les élèves des milieux favorisés et accru les inégalités. Mais Jean-Michel Blanquer n'a pas répondu aux attentes des adeptes de l'école libre, au grand dam de ceux qui l'attendaient. Pire, en raison de la menace de l'islamisme radical, le gouvernement met en place toujours davantage de contrôles. « Pourtant aucun terroriste n'est sorti d'une école privée, mais ils ont été éduqués à l'école de la République », plaide Lionel Devic. L'équation est compliquée alors qu'est débattu le projet de loi contre le séparatisme devenu « projet de loi confortant le respect des principes de la République ». Lionel Devic

10. Saïd Benmouffok, *Le Fiasco Blanquer*, *op. cit.*, et Pascal Bouchard, *Jean-Michel Blanquer, l'Attila des écoles*, *op. cit.*

en fait un bon résumé : « Des députés, surtout du parti Les Républicains, me disent : vous comprenez, si on vous accorde des choses, on devra les accorder aux musulmans. »

« Le pouvoir se trompe de cible en s'en prenant à l'école hors contrat pour lutter contre le séparatisme. Ou plutôt, il sait pertinemment que la répression contre les formes – légales et encadrées – de la liberté d'enseignement (écoles hors contrat, instruction en famille...) n'aura aucun effet sur le danger islamiste. Pire, cela poussera de nombreuses personnes à ne plus déclarer leurs choix éducatifs alternatifs et à passer à la clandestinité, parce qu'elles ne veulent pas avoir à vivre des démarches administratives en milieu hostile et des inspections à charge, dénonce Anne Coffinier, ancienne directrice générale de la Fondation pour l'école. Se focaliser sur le hors contrat pour lutter contre le séparatisme islamiste n'est pas une stratégie pertinente, lorsqu'on sait que les écoles les plus importantes du paysage scolaire musulman sont des écoles sous contrat, telles Al Kindi à Lyon, Ibn Khaldoun à Marseille ou Averroès à Lille. Ce sont des établissements sous contrat avec l'État, qu'ils veulent de haut niveau. Ils ont pour modèle l'enseignement catholique sous contrat et leurs écoles prestigieuses. Ils ont pour ambition de faire émerger une élite musulmane bien formée dans des écoles religieuses de qualité. Mais ce sont aussi trois écoles financées par l'argent public, et qui sont ouvertement rattachées à l'UOIF devenue Musulmans de France donc aux sulfureux Frères musulmans. Est-il toujours opportun en 2021 de financer ces écoles, fondées et financées comme à Marseille avec l'argent d'États du Golfe ? Voilà la question prioritaire que le gouvernement doit se poser[11]. »

Pour autant, la connivence entre cette mouvance et le pouvoir en place est incontestable : alors que Blanquer souhaite un contrôle strict des écoles hors contrat, un très proche du ministre, Mark Sherringham, inspecteur général de l'Éducation nationale qui rêve de « réintroduire le christianisme dans le débat éducatif[12] », a participé à une formation « Réussir l'inspection de son école » organisée le 24 janvier 2020 par l'association Créer son école, que préside la grande prêtresse du hors contrat, Anne Coffinier, également fondatrice de Kairos[13]. Lancée en 2005, l'association Créer son école défend la liberté scolaire et procure des conseils juridiques et pratiques aux créateurs et directeurs d'écoles privées hors contrat. « L'objectif de cette formation est de permettre à tous les responsables d'écoles primaires ou secondaires privées hors contrat de préparer sereinement les inspections, en ayant pleinement conscience du cadre légal en vigueur qu'il leur faut respecter, ainsi que des libertés dont ils bénéficient[14] », précise la publicité. « C'est juste incroyable, s'étrangle un membre du conseil des sages du ministre sous couvert

11. Entretien du 26 janvier 2021.

12. www.famillechretienne.fr/famille-education/enseignement/mark-sherringham-reintroduire-le-christianisme-dans-le-debat-educatif-45404.

13. Fondation destinée à soutenir les projets éducatifs innovants, principalement le hors contrat.

14. Annonce repérée sur lambidextre.over-blog.com/2020/01/reussir-son-inspection-d-ecole-avec-creer-son-ecole.html.

de l'anonymat. Un inspecteur qui vient donner les ficelles pour résister à une inspection, pour contourner la nouvelle loi, sur comment s'y préparer... Mais c'est typique de l'action du ministre : Blanquer, c'est "la main gauche ignore ce que fait la main droite". »

Autre exemple éloquent en juillet 2020. Alors que le bac est accordé en fonction de la notation du contrôle continu, y compris pour les écoles hors contrat, du fait de la pandémie, trois écoles bretonnes sont recalées[15]. Enfin pas pour longtemps. Ces élèves sont scolarisés dans trois lycées hors contrat de confession catholique, 14 filles au cours Sainte-Anne de Kernabat dans les Côtes-d'Armor, 17 à l'Institution dominicaine Saint-Thomas d'Aquin de Pont-Callec dans le Morbihan et 10 garçons à l'école catholique traditionaliste de la Fraternité sacerdotale Saint-Pie-X, à Saint-Père-Marc-en-Poulet en Ille-et-Vilaine[16]. Le rectorat de Rennes a refusé de diplômer ces élèves au motif de « dossier de contrôle continu incomplet ». Immédiatement, les parents hurlent à la « discrimination » et la Fondation pour l'école monte au créneau. « Ayant de très bonnes relations avec la DGESCO, nous les avons contactés par rapport à ce problème pratiquement administratif. Ils s'en sont saisis immédiatement, et ont contacté l'académie de Rennes », raconte Diane Roy, de la Fondation pour l'école au journal *L'Incorrect*[17]. Quarante-huit heures

15. « Trois lycées indépendants recalés au bac », *Ouest-France*, 8 juillet 2020.

16. Nous évoquons longuement ce lycée dans le chapitre « Les cathos intégristes : l'école à l'extrême droite du Christ ».

17. fondationpourlecole.org/la-fondation-dans-le-magazine-lincorrect/.

plus tard, tout est réglé : « Nous avons travaillé ensemble afin de déterminer les pièces complémentaires à apporter aux dossiers. L'un des lycées a dû verser une pièce complémentaire, supplémentaire même, qui n'a été demandée par aucune autre académie. Finalement les dossiers ont été examinés et déclarés "recevables". Les élèves ont ainsi obtenu leur bac comme tous ceux qui le passaient en contrôle continu cette année en France », se réjouit Diane Roy. Un vrai miracle... Comment expliquer ce revirement express de l'académie ? « Le dossier est remonté au cabinet du ministre et le recteur de Rennes a été désavoué grâce au réseau catho tradi de la rue de Grenelle, explique le même membre du conseil des sages. Une fois encore, Mark Sherringham était à la manœuvre et le recteur a dû courber l'échine. »

Mais toutes ces petites attentions ne suffisent pas et la déception gagne. « Il n'y a aucune liberté supplémentaire pour le privé, je ne sais pas pourquoi cette ouverture ne se fait pas, soupire Lionel Devic. L'absence de challenger à l'Éducation nationale ne contribuera pas à la qualité. Mais on m'avait prévenu : Blanquer est un jacobin. Il veut juste récupérer les expériences innovantes du privé et les importer dans le public. Il ne favorisera pas l'extension des écoles privées... » Comme un dernier coup de pied de l'âne, il lâche : « Pourtant, la belle-fille de Macron a créé un lycée inclusif à 9000 euros par an[18]... »

18. Tiphaine Auzière a créé le lycée Autrement à Paris en 2020.

Que recouvre cette nébuleuse réac ? Clé de voûte de cette mouvance, la Fondation pour l'école. Créée en 2007, elle revendique de soutenir trois types d'écoles : des écoles « classiques », des écoles « adaptées » et des écoles « innovantes. » Elle était présidée jusqu'au début de l'année 2021 par Lionel Devic, avocat spécialiste du droit des associations et des fondations, notamment en matière de fiscalité, et associé au cabinet Delsol. « La Fondation pour l'école aide aujourd'hui financièrement environ 88 écoles, chiffre auquel il faut ajouter 110 établissements au travers des fondations que nous abritons », explique Lionel Devic. Mais quand nous lui demandons la liste des écoles soutenues directement, il se ferme dans un grand sourire : « Nous ne communiquons pas cette liste... Peut-être l'année prochaine, nous y réfléchissons. » Il concède toutefois que 70 % des écoles soutenues sont d'obédience catholique ou protestante. « Nous n'avons jamais reçu de demande de soutien pour une école musulmane », fait-il mine de s'étonner, pince-sans-rire. Le profil des écoles catholiques soutenues par cette Fondation inquiète jusque dans l'enseignement catholique sous contrat. « Nous déplorons nombre de dérives dans ces écoles hors contrat, témoigne un cadre national de l'enseignement catholique sous couvert de l'anonymat. Et malheureusement, certains évêques délivrent le label "enseignement catholique" à des écoles dont les valeurs et le projet de société ne sont pas vraiment conformes à l'Évangile. Stigmatiser des croyants d'autres religions ou des migrants, vanter des projets politiques d'extrême droite, ce ne sont pas nos valeurs et ce qu'on souhaite transmettre aux jeunes.»

Dans la réalité, ce chiffre est encore plus élevé, ainsi que l'a révélé une enquête conjointe des journaux *Basta* et *Politis*[19]. En 2017, 60 sur 72 établissements financés par la Fondation étaient catholiques, d'après les journalistes qui ont pu consulter la liste des écoles soutenues cette année-là, que nous nous sommes aussi procurée. Et peu de catholiques ouverts, la très grande majorité sont des établissements très «tradis», voire intégristes. «Parmi ces établissements, au moins dix sont liés à la Fraternité Saint-Pie-X, dévoilent les journalistes. Dix autres sont liés à un autre mouvement traditionaliste, la Fraternité Saint-Pierre, chargée de diriger les établissements ou d'y assurer l'aumônerie. Une aide de la fondation a aussi été allouée à une école liée à la congrégation des Légionnaires du Christ, le collège-lycée de l'Immaculée Conception de Méry-sur-Marne (Seine-et-Marne). Deux anciens religieux de cette congrégation ont été condamnés en 2013 à des peines de prison par le tribunal correctionnel de Meaux pour des abus sexuels sur des collégiens de cet établissement, lequel est toujours géré par les Légionnaires du Christ.» Sans compter que le scandale autour de cette congrégation fondée par un pervers, le père Marcial Maciel, est beaucoup plus large. La communauté reconnaît dans un rapport daté de 2019 qu'«au moins 175 mineurs ont été victimes d'agressions sexuelles de la part de

19. bastamag.net/Fondation-pour-l-ecole-etablissements-prives-hors-contrats-non-mixite-fraternite-saint-pie-X-academia-christiana.

membres des Légionnaires du Christ entre 1941 et 2019, notamment de leur fondateur». Mais aucun de ces établissements n'a été directement sanctionné par la justice ou les académies. Ils ont continué de fonctionner comme si de rien n'était.

Alors pourquoi ne pas afficher clairement la couleur? «Nous nous sommes posé la question de nous déclarer confessionnels à notre création, déclare Lionel Devic. Mais nous voulons soutenir toutes les écoles qui partagent notre vision. Nous voulons défendre la liberté d'enseignement qui est le bien commun de tous les Français.» Un discours ouvert qui ne se reflète pas dans la réalité.

Dans certaines écoles soutenues par la Fondation, on trouve aussi des connexions avec l'extrême droite. «L'institut Croix-des-Vents, établissement catholique de garçons dans l'Orne, a été directement soutenu par la Fondation pour l'école au moins en 2017. La direction en est assurée par la Fraternité Saint-Pierre. Huit prêtres font partie des encadrants. Cet institut a accueilli en 2019 l'université d'été des identitaires catholiques, Academia Christiana, où l'on disserte sur la "reconquête" face au "grand remplacement". Le président de ce mouvement, Victor Aubert, est d'ailleurs un jeune enseignant de l'établissement. Un autre membre fondateur d'Academia Christiana, Julien Langella [également cofondateur de Génération identitaire, mouvement aujourd'hui dissous, NDA], participe à des événements de l'institut Illiade – qui se dit aussi contre "le grand remplacement". [...] Selon des informations d'un groupe antifasciste local, un autre établissement scolaire soutenu par la fondation a accueilli le rassemblement d'Academia Christiana en 2020 : l'établissement Notre-Dame-d'Orveau, géré par la congrégation religieuse Sainte-Croix et situé dans les Pays de la Loire. L'école primaire de cet établissement, l'école Bienheureux-Basile-Moreau, a reçu une aide de la fondation en 2017.

« À Castres, la Fondation a aidé financièrement le cours Sénevé, créé en 2015. Patrick Canac, l'un de ses fondateurs, et trésorier de l'association qui gère l'école, a été candidat sur la liste du Front national aux élections municipales dans le Tarn en 2001. Son épouse, Françoise Canac, figurait aussi sur la liste municipale FN à Castres, avec Bernard Antony, ancien député européen FN et figure des catholiques intégristes – il est fondateur de l'association Alliance générale contre le racisme et pour le respect de l'identité française et chrétienne (Agrif). Sa fille, Marie-Geneviève Soleil, est d'ailleurs la directrice du cours Sénevé.

« À Nîmes, la Fondation pour l'école a soutenu un établissement non confessionnel, l'EHC Gardoise, ouvert en 2014. Selon des révélations de Streetpress en 2015[20], ses fondateurs et directeurs, Claire et John Bengtsson, étaient alors les animateurs de la section nîmoise d'Égalité et réconciliation, le mouvement d'Alain Soral, militant d'extrême droite plusieurs fois condamné pour "incitation à la haine" ou "apologie de crimes de guerre et contre l'humanité". »

20. www.streetpress.com/sujet/1440775955-documents-sur-le-systeme-soral

Ce choix du crypto-confessionnel s'explique peut-être aussi par des questions financières. En s'affichant ainsi, la Fondation pour l'école peut ratisser plus large. Certains donateurs, particuliers comme entreprises, ne goûteraient sans doute guère d'être amalgamés au grand jour avec des catholiques intégristes – d'ailleurs, la Fondation protège jalousement leur identité. Les apparences sont sauves.

Et les enjeux financiers sont importants. Ce qui caractérise cette mouvance libérale est aussi son combat pour payer le moins d'impôts possible. Leur philosophie pourrait se résumer par : puisqu'on doit en payer (heureusement un peu moins grâce aux cadeaux de Macron), choisissons des œuvres qui nous ressemblent et bénéficiant de la défiscalisation.

La Fondation pour l'école est un instrument financier très intéressant pour cela. Sous le gouvernement de François Fillon, en 2008, elle a été reconnue d'utilité publique par décret. Cette reconnaissance par l'État de son service d'une cause d'intérêt général permet à ses donateurs de déduire 75 % du montant de leurs dons de leurs revenus imposables, dans la limite de 50000 euros. Dans son rapport annuel 2020, le tout nouveau président de la Fondation, Hervé Rolland, en parle dès la première ligne de son édito : « La reconnaissance d'utilité publique de la Fondation pour l'école, en 2008, comme sa capacité à abriter des fondations sous égide, sont les signes de l'universalité de son engagement au service de tous les enfants de France. » Une « universalité » pour le moins étriquée au vu des renseignements recueillis...

Comprenons bien le tour de passe-passe. Après cette reconnaissance d'utilité publique, préalable nécessaire pour défiscaliser les dons à 75 %, la Fondation est devenue par décret trois ans plus tard, en août 2011, « fondation abritante ». Cela lui permet d'héberger d'autres fondations et de leur fournir la capacité juridique nécessaire pour agir comme si elles étaient elles-mêmes fondations reconnues d'utilité publique. Dans ce cas précis, il s'agit de fondations créées à l'initiative de particuliers ou d'institutions dont le projet dans le domaine de l'éducation entre dans le périmètre du champ d'action défini par les statuts de la Fondation pour l'école, la fondation mère. On les appelle « fondations abritées ». Elles ont leur propre conseil d'administration (nommé comité de gestion) auquel siège un représentant de la fondation abritante, qui n'intervient que pour vérifier le bon respect des statuts.

« Lorsqu'une personne et/ou une institution porte un projet désintéressé dans le domaine éducatif et qu'elle souhaite le mettre en œuvre, sans avoir à créer une fondation reconnue d'utilité publique (processus long nécessitant l'intervention d'un décret du Premier ministre après avis du Conseil d'État, et coûteux en ressources puisqu'il faut au moins 1 000 000 d'euros de dotation pour créer une fondation pérenne), la meilleure solution est de créer une fondation abritée », vante ainsi la Fondation pour l'école sur son site internet.

En ce qui concerne la collecte de fonds, les dons vont soit aux projets soutenus de la Fondation pour l'école, soit sont dirigés vers une des fondations abritées en vue d'un projet particulier. Au sein de la Fondation, un comité étudie les dossiers envoyés par les établissements candidats et choisit ceux qu'ils vont soutenir.

Toujours dans son rapport annuel, la Fondation ne met en avant que des écoles susceptibles de rassurer de nouveaux donateurs potentiels : l'École bilingue internationale de Haute-Savoie, l'école à pédagogies alternatives Étinçailes à Lyon, Espérance Ruralités, le pendant d'Espérance Banlieues pour la France des périphéries. La seule école catholique mise en avant est Saint-Joseph-l'Espérance de Vernon, dans l'Eure. À première vue, une école catholique classique affichant son lien avec la paroisse Saint-Louis-Pays de Vernon. Mais en allant sur le site de la paroisse, on voit que la messe «en rite extraordinaire», en latin donc, y est dite régulièrement par la Fraternité sacerdotale Saint-Pierre. Faut-il y voir un hasard, sachant qu'une des fondations abritées, Kephas, est une émanation directe de la Fraternité sacerdotale Saint-Pierre et a pour vocation de rassembler des fonds pour leurs écoles ? Au total 1,6 million d'euros ont été reversés par la Fondation pour l'école, contre 1 million en 2019, montant auquel il faut ajouter 1,8 million d'euros par le biais des fondations abritées.

Le départ de Lionel Devic de la présidence en janvier 2021 – pas très loin puisqu'il reste dans le conseil d'administration – ne change en rien la ligne idéologique de la Fondation, comme en témoigne le profil du nouveau président. Vice-président d'IBM Europe, Hervé Rolland est âgé de 63 ans et père de quatre enfants. Sur le site internet Rendez-vous catholique où il répondait aux questions des internautes, sa biographie précise : « Il a fêté ses 20 ans en avril 1977 à Saint-Nicolas-du-Chardonnet [la paroisse catholique intégriste de Paris, NDA]. Son engagement date de cette époque, exclusivement attaché à la forme extraordinaire du rite romain[21]. » Il affiche aussi sa présence à l'Issep, l'Institut des sciences sociales, économiques et politiques de Marion Maréchal-Le Pen. Dans une vidéo où il répond aux questions des étudiants[22], il parle foi et management, cite Jeanne d'Arc en exemple de vocation, et termine en disant qu'il se posera « peut-être la question de l'engagement en politique », même s'il reconnaît que, pour lui, « c'est peut-être un peu tard ».

Pourquoi Lionel Devic a-t-il quitté la présidence de la Fondation pour l'école ? À cause des graves turbulences et des enquêtes judiciaires en cours ? L'avocat jure qu'il n'en est rien. Pourtant, la crise opposant depuis le début de 2019 Lionel Devic à sa directrice générale – et ex-présidente fondatrice – Anne Coffinier et à Axelle Girard, sa responsable des relations institutionnelles, ainsi qu'à trois administrateurs, a été très sérieuse. Les deux femmes, qui dénonçaient divers problèmes de gouvernance et de gestion, ont été débarquées. Les faits dénoncés publiquement pouvant être de nature délictuelle, l'inspection générale de l'administration (IGA) a été envoyée en 2019 pour auditer sur le fonctionnement de la Fondation. Selon nos informations, le résultat de

21. rendez-vous.leforumcatholique.org/forum.php?id=78.
22. issep.fr/5-questions-a-herve-rolland.

l'enquête de l'IGA a conduit son chef de mission à saisir le procureur de la République, lequel a mandaté la brigade pour la répression de la délinquance économique et Tracfin, le service de renseignement financier. L'enquête, qui est toujours en cours, porterait notamment sur des chefs de faux, fraude fiscale, abus de confiance, escroquerie et blanchiment. Certains des protagonistes ont déjà été entendus et le petit milieu bruisse de rumeurs de perquisitions. Quand on l'interroge sur ces tracas judiciaires, Lionel Devic surjoue la tranquillité : « Je ne suis pas au courant. Visiblement, ce n'est pas la priorité du ministère de l'Intérieur. Le commissaire du gouvernement[23] m'a dit qu'il n'y avait aucun sujet urgent. »

Espérance Banlieues, dont la fondation du même nom est abritée par la Fondation pour l'école, a été au cœur de la discorde au sein du conseil d'administration de cette dernière, comme le rapportent les résultats d'un audit interne commandé à un cabinet de consultants en mars 2019 que nous nous sommes procurés. Les « thèmes prioritaires » de l'audit portent entre autres sur : la régularité des décisions donnant lieu à des décaissements de la Fondation Espérance Banlieues, la rémunération du président de la Fédération Espérance Banlieues, Éric Mestrallet, et l'analyse des liens d'intérêt ou risque lié au cumul de fonctions, vérification que les écoles Espérance Banlieues et l'Areb (l'association du réseau de ces écoles) ne paient pas des frais de consulting ou des

23. Un commissaire du gouvernement siège de droit dans les fondations reconnues d'utilité publique.

prestations de service à une structure possédée ou gérée par Éric Mestrallet. C'est dire si la confiance règne...

L'audit commence par pointer que c'est l'ensemble de la Fondation pour l'école qui souffre d'un déficit de procédures. « Peu de procédures et de conventions permettent d'établir les rôles et responsabilités et de poser des principes et modalités de contrôle interne qu'il s'agisse de la FPE ou de la FPE vers les fondations abritées. Les travaux de contrôles sont établis de manière empirique et hétérogène. » Les auditeurs pointent une « exposition accrue aux risques opérationnels, financiers et réputationnels ». Ils montrent qu'Éric Mestrallet est partout : président de la Fondation Espérance Banlieues mais aussi président de l'association Réseau Espérance Banlieues. Cette dernière est le support de chaque école membre du réseau : elle assure la cohérence pédagogique, le pilotage et la coordination du réseau et anime le processus de collecte de fonds. L'audit révèle aussi que la gouvernance n'est pas conforme aux statuts de la Fondation Espérance Banlieues. « Elle ne représente pas la réalité du terrain, affirment les auditeurs. Le comité de gestion n'a pas été validement constitué et le conseil scientifique d'orientation n'a pas eu d'existence pérenne avérée et documentée. » En d'autres termes, on sait dépenser mais pas réfléchir. L'organe chargé de la gestion de dépenses n'a pas été constitué dans le respect des statuts de la fondation. Et le conseil scientifique chargé de donner un avis sur la pertinence des projets financés est un organe fantôme. Les auditeurs pointent également l'absence de transparence et la confusion à propos de la gestion des dons et des décaissements : «Le comité de gestion exerce une fonction d'administration et de supervision limitée. Aucun élément n'est joint aux procès-verbaux des comités concernant le reversement des dons qui est supposé reposer sur un dossier précis, selon l'article 13 de la convention de création de la Fondation Espérance Banlieues.» En clair, c'est Éric Mestrallet le patron, et les autres membres sont tout juste informés et priés de voter sans avoir tous les éléments en leur possession. Pour autant, les versements de la Fondation Espérance Banlieues se sont bien retrouvés dans les écoles concernées, selon l'enquête.

Le problème est qu'Éric Mestrallet est payé pour son rôle de président. Or l'article 10 de la convention de création de la Fondation Espérance Banlieues indique explicitement que «la fonction de président est exercée à titre gratuit».

Après cet audit assez calamiteux, la Fondation Espérance Banlieues est partie se faire abriter par la Fondation de France, qui sera, on l'espère, plus rigoureuse dans sa gestion. Quant au départ de la Fondation pour l'école d'Anne Coffinier et d'Axelle Girard, il ne s'est pas fait dans un esprit de charité chrétienne, ainsi qu'en témoignent les courriers et attestations que nous avons pu consulter. Des procédures aux prud'hommes sont en cours.

Depuis, Anne Coffinier, militante historique de la liberté scolaire, a monté une structure concurrente en juin 2020, la fondation Kairos, hébergée par l'Institut de France. La fondation est donc dirigée de droit par le chancelier de l'Institut, l'ancien ministre de l'Éducation Xavier Darcos. « Il s'intéresse beaucoup à ce qu'on fait et est très présent, se réjouit Anne Coffinier. Nous avons pu créer un fonds d'urgence pour soutenir les écoles hors contrat fragilisées par la crise sanitaire. En six mois, nous avons levé 200 000 euros, le double de ce que nous espérions. » Contrairement à la Fondation pour l'école, Kairos met un point d'honneur à publier la liste de ses tout premiers bénéficiaires : l'école pour enfants précoces Arborescence dans le Val-de-Marne, l'école Montessori Élise dans l'Yonne, l'école en immersion occitane Calandreta deth Coserans en Ariège, mais aussi des écoles catholiques très classiques comme le cours Sainte-Rita à Nice ou le cours Sainte-Philomène dans l'Isère. « Nous soutenons des écoles libres sélectionnées sur d'autres critères que ceux de la Fondation pour l'école. On ne va pas soutenir la Fraternité Saint-Pie X, tacle Anne Coffinier. La liste intégrale des écoles et projets éducatifs innovants que nous subventionnons est publiée sur notre site en toute transparence. Nous finançons par exemple aussi bien des écoles catholiques que des écoles laïques. Et nos statuts nous permettent d'aider tous les projets éducatifs innovants, scolaires ou non, en France comme à l'étranger. Nous pourrions par exemple aussi financer un projet novateur dans une école publique ou dans le secteur périscolaire, pour autant que cela corresponde à la vision de Kairos : associer la transmission ambitieuse de la culture française, la prise en compte des conditions technologiques et sociologiques actuelles, la préoccupation sociale, et l'encouragement de l'esprit d'initiative et de créativité chez les jeunes.» Avec Axelle Girard, elles ont lancé Educ'France, qui se veut un site internet «d'information et d'action, pour penser l'école à 360 degrés et ce qui peut la libérer». On y trouve des tribunes, une revue de presse et une lettre hebdomadaire sur ces thèmes.

Autre pilier de la mouvance réac, l'association SOS Éducation, créée en 2001 pour «rassembler tous les citoyens qui souhaitent obtenir une amélioration du système éducatif en France». Cette dernière revendique un caractère «apolitique et non partisan», mais ses prises de position la classent généralement du côté de la droite très conservatrice, voire de l'extrême droite. Dans les faits, l'association ne fait pas grand-chose à part collecter des fonds, épingle la Cour des comptes dans un rapport. On retrouve des liens avec le think tank ultra-libéral Ifrap et la Fondation pour l'école. Le cabinet Delsol (auquel appartient Lionel Devic) défend d'ailleurs SOS Éducation, selon l'enquête de *Bastamag*. L'association revendique 50000 membres et est inscrite depuis septembre 2019 au répertoire des représentants d'intérêts de la Haute Autorité pour la transparence de la vie publique. L'association ne publie pas ses comptes, mais grâce à un audit de la Cour des comptes rendu public fin 2020, on apprend qu'elle connaît une forte décroissance de son activité : «Après avoir atteint presque 60000 donateurs et reçu 3 millions d'euros de dons en 2008, SOS Éducation a connu entre 2013 et 2018 une forte décroissance du nombre de donateurs (de 30000 à 10000) et du montant de la collecte (de près de 1,7 million d'euros à 0,7 million d'euros), qui l'a conduite à enregistrer depuis 2014 des résultats déficitaires. Elle n'en conserve pas moins d'importantes réserves, encore supérieures à 3 millions d'euros au 31 décembre 2018. À cette date, la trésorerie représentait plus de deux ans et demi de charges décaissables. »

L'association a surtout été épinglée pour sa gouvernance autocratique et sa gestion. « Les statuts de l'association organisent une gouvernance qui se limite à quelques "membres participants". Les donateurs et sympathisants (entre 40000 et 80000 selon l'association), même s'ils sont qualifiés de "membres actifs", n'ont pas vocation à participer aux assemblées générales ni à siéger au conseil d'administration. » Conseil d'administration réduit de 2 à 5 personnes ! Sur la période contrôlée, le nombre des membres participants a varié entre 3 et 7. Un tout petit club, en quelque sorte...

Et ce tout petit club, bien loin des ambitions affichées, cherche surtout à collecter des fonds. Selon l'examen de la Cour, l'essentiel de l'activité de l'association consiste en des mailings vers des fichiers d'adhérents potentiels mais ces mailings sont suivis de très peu d'actions. « Il apparaît ainsi que, sous couvert d'une sensibilisation aux problèmes de l'école, les publipostages ont pour but principal, sinon unique, de collecter des dons. » En outre, ces prestations de mailings sont confiées à un petit nombre de prestataires « dont plusieurs sont liés à SOS Éducation, ses fondateurs ou ses dirigeants ». Alors que l'association se déclare « apolitique », les auditeurs ont eu la surprise de constater, par exemple, que des moyens substantiels ont été mis au service de la campagne de

François Fillon. Une somme estimée à 90 000 euros et consistant en mise à disposition de fichiers, de personnels, le financement de « posts Facebook boostés » ou encore en l'envoi de mailings. Et de conclure : « Pendant la période contrôlée, une partie des moyens de l'association a été employée à des fins éloignées de ses missions sociales. »

L'enquête a donc conduit la Cour à « attester, en application des dispositions de l'article L. 143-2 du code des juridictions financières, de la non-conformité des dépenses engagées par l'association SOS Éducation au cours des exercices 2013 à 2018 aux objectifs poursuivis par l'appel public à la générosité ». Les motifs suivants sont invoqués par la Cour :

— les dépenses engagées au titre des frais d'appel public à la générosité ont représenté plus de la moitié du montant des ressources ainsi collectées ;

— ces dépenses ont été payées à des prestataires intervenant dans l'envoi des appels et le traitement des dons, choisis dans un cercle restreint sans mise en concurrence ;

— en raison des défaillances constatées dans sa construction, le compte d'emploi des ressources ne permet pas aux donateurs d'être correctement informés de l'emploi des ressources collectées grâce aux appels à la générosité publique.

Circonstance aggravante, l'association a continué de délivrer des reçus fiscaux alors qu'elle n'en avait plus le droit, car l'administration fiscale considère que l'activité de l'association « ne peut être regardée comme ayant un caractère éducatif au sens de la loi fiscale ». À la suite du contrôle fiscal, l'administration a prononcé une amende d'un montant de 1,56 million d'euros concernant la période du 1er janvier 2015 au 30 juin 2019 pour « délivrance de faux certificats de réductions d'impôts ». Dans un long plaidoyer, l'association conteste point par point cette sanction et tous les manquements soulevés par la Cour des comptes. Le litige est toujours en cours.

Lobbies, associations têtes de réseau, banquiers… voilà donc la mouvance qui forme l'ossature permettant l'existence et le développement de ces établissements. C'est une véritable armée organisée pour promouvoir ultralibéralisme économique et ordre moral chrétien. Une fraction de ces écoles sont même antirépublicaines au sens strict, puisqu'elles y enseignent que la Révolution de 1789 est la pire chose qui soit arrivée à notre pays. Cette première plongée dans la nébuleuse réac surprend par le nombre d'affaires financières qui environnent ces fondations et associations officiellement consacrées à l'éducation. Beaucoup semblent se croire au-dessus des lois de la République, des lois fiscales… Des situations qui ne sont pas sans évoquer toutes les affaires autour de François Fillon, qui gravite justement dans cette sphère idéologique.

Et qu'en est-il à l'intérieur des écoles qu'ils soutiennent ? Qu'y enseigne-t-on ? Quels citoyens y forme-t-on ? Tous ces établissements promettent l'excellence, mais quel est le niveau réel des élèves ? Nous avons enquêté sur deux visages qui en sont particulièrement représentatifs : le réseau Espérance Banlieues et les écoles catholiques intégristes Saint-Pie-X.

13

Espérance Banlieues, réacs généreux

Impossible pour qui s'intéresse à l'éducation de ne pas avoir entendu parler des écoles Espérance Banlieues, ce réseau qui claironnait vouloir réduire les inégalités en créant des établissements d'un nouveau genre.

Il nous a fallu montrer longuement patte blanche pour avoir le droit de faire un reportage dans l'un d'entre eux : long entretien téléphonique puis visioconférence de plus d'une heure, suivie d'un repas dans le bureau de la fédération, avant qu'enfin nous soyons autorisés à venir. À chaque fois l'impression de passer devant un jury d'examen. Heureusement, avoir dans le binôme un auteur du livre *Arnaud Beltrame. Le héros dont la France a besoin*[1] donne des gages de « respectabilité » dans ce petit milieu. Le gendarme assassiné par un terroriste islamiste y est une référence : « Des équipes d'enfants dans nos écoles portent le nom de

1. Jacques Duplessy et Benoît Leprince, *Arnaud Beltrame. Le héros dont la France a besoin*, Paris, Observatoire, 2018.

grands personnages français, nous en avons qui portent le nom de Beltrame», nous explique-t-on.

Son président, Éric Mestrallet, en bon communicant, nous vend la *success story* de son projet. Cette histoire, il l'a longuement racontée dans un livre intitulé *Espérance Banlieues*[2] cosigné avec Harry Roselmack, le présentateur de TF1, parrain de l'école de Montfermeil.

En 2005, après les émeutes démarrées à Clichy-sous-Bois puis à Montfermeil, et qui se sont étendues un peu partout en France, Éric Mestrallet raconte avoir remarqué que l'école «ne constituait plus un lieu sûr, ni un lieu de rencontre». D'où l'idée d'un projet alternatif destiné aux jeunes des quartiers. «L'idée directrice est de construire une école adaptée aux difficultés spécifiques des élèves de banlieues à fort taux d'échec scolaire.» Ce projet s'inscrit dans la droite ligne de la critique de l'Éducation nationale, qui serait «structurellement inadaptée à la prise en charge des différences», responsable d'un «gâchis humain et incapable d'être performante». «Le budget de l'Éducation nationale a doublé en trente ans et les performances se sont effondrées», dénonce-t-il.

Il crée la Fondation Espérance Banlieues en 2012. Comme le notent des journalistes à l'époque, la quasi-totalité des membres du conseil d'administration sont des militants de la Manif pour tous[3]. Le ton est

2. Éric Mestrallet et Harry Roselmack, *Espérance Banlieues*, Monaco, Rocher, 2015.

3. Article repris sur le blog de l'historien de l'éducation Claude Lelièvre, blogs.mediapart.fr/claude-lelievre/blog/300719/esperance-banlieues-petit-rappel-historique-contraste.

donné. Son credo : « Dans les banlieues françaises, il faut désormais envoyer l'élite de la nation si l'on veut s'en sortir, c'est-à-dire des professeurs à la fois compétents sur le fond de leur discipline, et dotés de capacités humaines hors du commun. Un professeur d'un nouveau genre, une sorte de mixte entre l'instituteur à l'ancienne, le chef scout et l'entraîneur sportif ! » Tout cela pour instaurer une école avec « une forte identité [...] par la mise en place de symboles et de rituels : l'uniforme, l'étendard de l'école, les rassemblements dans la cour, le lever des couleurs, les équipes d'élèves, les chefs d'équipe... »

La première école Espérance Banlieues, le cours Alexandre-Dumas, voit le jour à Montfermeil la même année. Le projet remporte un franc succès : sur sa lancée, 17 nouvelles écoles vont se créer en l'espace de sept ans, de Roubaix à Angoulême. « J'ai fait de la provoc en annonçant qu'on voulait créer 200 écoles pour intéresser les médias, raconte Éric Mestrallet. Et ça a marché. Mais c'est impossible à faire sans financement public. » La visibilité médiatique grâce à la mobilisation de noms connus a toujours été une stratégie. En mars 2017, en pleine campagne présidentielle, une tribune[4] signée par cinquante-cinq personnalités est publiée dans *Le Figaro*. L'ex-ministre Jean-Louis Borloo, les journalistes Mélissa Theuriau, Natacha Polony, Patrick Poivre d'Arvor ou encore l'humoriste Jamel Debbouze exhortent les candidats à la présidentielle à aider ces

4. lefigaro.fr/vox/societe/2017/03/21/31003-20170321ARTFIG00267-aidons-les-ecoles-esperance-Banlieues.php.

écoles pour « leur modèle éducatif innovant ». Éric Mestrallet a droit à des portraits louangeurs, il est qualifié tantôt d'« aventurier des banlieues[5] », tantôt de fondateur d'un « nouveau modèle d'école[6] ».

Mais qui est-il ? Ingénieur, diplômé des Arts et Métiers en 1989, il commence sa carrière comme assistant parlementaire auprès du sénateur Bernard Seillier, un proche de Philippe de Villiers, alors président du Mouvement pour la France. Baignant déjà dans un milieu catholique très traditionnel, il est notamment proche d'Ichtus, un centre chrétien ultraconservateur qui propose des formations théologiques, en éthique ou en politique. Ichtus édite aussi une revue et des livres qui promeuvent l'idée de nation ou déplorent « la décomposition de l'identité française » ou encore « l'avènement du mariage entre personnes du même sexe comme signe d'un déclin de la morale ». Dans la continuité de son engagement politique, Mestrallet soutient Philippe de Villiers dans sa course à l'Élysée en 1995. C'est là qu'il fait connaissance avec Xavier Lemoine, qui deviendra un ami. En 2002, ce dernier est élu maire de Montfermeil sous l'étiquette RPR-Parti chrétien-démocrate, poste qu'il occupe toujours aujourd'hui en continuant de défendre l'alliance de toutes les droites. Le choix de Montfermeil pour y implanter la première école Espérance Banlieues en 2012 ne doit donc rien au hasard, contrairement à ce que Mestrallet écrit dans

5. lefigaro.fr/actualite-france/2018/05/20/01016-20180520ARTFIG00159-eric-mestrallet-l-aventurier-des-Banlieues.php.

6. famillechretienne.fr/famille-education/enseignement/le-cours-alexandre-dumas-un-nouveau-modele-d-ecole-166288.

son livre. Avec Lionel Devic, il participe également à la création de la Fondation pour l'école, comme nous l'avons vu. Éric Mestrallet poursuit par ailleurs une existence d'entrepreneur bien fournie : il a créé ou investi dans de nombreuses sociétés, dont certaines font aujourd'hui l'objet d'enquêtes pour des conflits d'intérêts avec ses activités à la Fondation pour l'école et Espérance Banlieues, ainsi que nous l'avons expliqué au chapitre précédent.

Après une dizaine de jours d'attente, examen réussi ! On nous propose de venir passer une journée au cours Charlemagne d'Argenteuil, dans le Val-d'Oise[7], un des 17 établissements du réseau Espérance Banlieues, ouvert en septembre 2017.

Ce lundi matin pluvieux, les petits élèves, sourire aux lèvres, se pressent devant dans la cour rectangulaire de cette modeste école enclavée au milieu d'immeubles HLM. On les croirait presque heureux d'entamer une nouvelle semaine de classe. « Bonjour Nadia, bonjour Ziad... » Le directeur, Benoît de Longvilliers, les accueille un par un en les appelant par leur prénom. Un rituel immuable « pour que les enfants se sentent personnellement reconnus ». Une fois les cartables posés, ils se réunissent les uns à côté des autres, tout en jetant des regards au directeur de l'établissement qui s'affaire à la préparation de la levée du drapeau. À l'appel de leur classe, les enfants viennent se disposer en carré, donnant à la scène un côté rassemblement de militaires demi-portions. Le directeur annonce les anniversaires du jour et toute

7. Reportage réalisé le 23 novembre 2020.

l'assemblée entonne alors un « joyeux anniversaire ». Puis les élèves méritants du jour de chaque classe sont appelés et complimentés par leur professeur et le directeur. Le directeur hisse les drapeaux français et européen et on entonne *La Marseillaise*. Dans les écoles Espérance Banlieues, on revendique l'uniforme – garçons en sweat vert, filles en violet –, le vouvoiement, l'éducation à l'amour de la patrie, un apprentissage consacré aux fondamentaux et une pédagogie scoute assumée. « Avec la tenue, tout le monde est logé à la même enseigne et cela évite de les mettre dans des cases dès leur plus jeune âge, et donc quelque part de les stigmatiser en soulignant leurs différences », explique le proviseur.

Dans cette école qui accueille plus de 90 % d'élèves de confession musulmane, ces choix sont partagés par tous. « Moi, j'étais malheureux dans mon ancienne école, je me faisais tout le temps embêter par les autres élèves et les professeurs ne disaient rien », nous raconte Hakim, 7 ans. Ce petit bonhomme ne tient pas un discours isolé du reste de ses camarades, qui pour la plupart manifestaient à leurs parents le souhait de changer d'école depuis un moment. Des « moi aussi » résonnent autour d'Hakim lorsqu'il relate son parcours.

De l'autre côté de la cour dont les grilles donnent sur la rue, ce sont cette fois les parents d'élèves habitant en majorité le quartier qui s'amassent. Ils sont quelques-uns à assister à ce rituel du matin : déposer leur enfant et assister à la levée du drapeau. Il y a quelques pères et beaucoup de mères, dont certaines sont voilées. Interrogés sur leur motivation quant au choix d'Espérance Banlieues, ils répondent presque à l'unisson qu'ils cherchaient un établissement où « l'éducation, l'apprentissage et les valeurs citoyennes » rythment le quotidien. Et par « valeurs citoyennes », ils entendent la notion de respect de l'autre : « Ici, on les considère comme ce qu'ils sont : des enfants. C'est-à-dire qu'on les protège, on les entoure et on continue l'éducation donnée par les parents en leur apprenant ce que l'on peut faire et ce que l'on ne peut pas. Mais on les considère également comme les adultes de demain, qui à leur tour véhiculeront ces mêmes valeurs. » D'autres parlent de cette école comme d'une « seconde famille ». À l'heure où les débats sur le séparatisme divisent les Français, une mère nous confie qu'elle n'en peut plus de voir tout rapporter à la religion et que ce ne sont pas aux enfants de porter cet étendard : « Dans l'ancienne école de mon fils, une école publique, tous les autres élèves arboraient des signes religieux et tenaient des discours hallucinants pour leur âge. Ils réprimandaient mon fils de 6 ans parce qu'il n'affirmait pas assez ses croyances. Souvent, il se retrouvait isolé et il n'aimait pas du tout l'école. » Une autre maman renchérit : « Pareil pour moi, surtout que ma fille était noyée dans une classe de 35 élèves. J'aime le cadre qui règne ici. » Ces deux mères de famille sont pourtant croyantes et attachent une grande place à leur religion mais « l'école c'est l'école, ce n'est pas la madrassa ou les cours de catéchisme ! » ; « le respect du pays, c'est important. Nous sommes tous dans le même bateau », conclut une autre. Hinni, mère d'un petit Ziad en CM1-CM2, assure que « l'enseignement ici est meilleur que dans le public» et que son fils apprend parfois des petites choses à sa fille qui est au collège du quartier en classe de troisième.

Nos questions posées devant la grille rameutent presque tous les parents d'élèves qui semblent sincèrement vouloir témoigner du bon fonctionnement d'Espérance Banlieues. Ils insistent beaucoup sur la «bienveillance» et la «discipline imposée» ici qui, à leur avis, «donne un cadre dont les élèves ont besoin pour s'épanouir et se construire». «Et ce n'est pas trop cher pour nous, insiste Hinni. Ça vaut le coup!» Les frais de scolarité s'élèvent à environ 75 euros par mois.

Nous nous adressons à une femme qui tient une poussette, et lui demandons en quelle classe est son enfant : «Elle a 5 ans, mais elle n'est pas scolarisée ici! Je suis sur liste d'attente depuis deux ans! Mais j'aime bien venir le matin pendant la cérémonie et échanger avec les autres mamans.» À quelques mètres, Karima elle aussi est venue papoter et croiser le directeur. Elle a un fils en liste d'attente qui est à l'école publique voisine. «Ça se passe bien, mais il a des difficultés. Je sais qu'ici il sera plus encadré, qu'on aide mieux les enfants.»

Nous pénétrons dans la cour. Le président de l'association du cours Charlemagne – chaque école du réseau est une association indépendante[8] –, un cadre

8. Chaque école Espérance Banlieues a le statut d'association loi 1901 indépendante et est affiliée au réseau Espérance Banlieues, une association qui assure la coordination pédagogique et le développement du modèle. La Fondation Espérance Banlieues, elle, a pour rôle de recevoir les dons nécessaires au fonctionnement de ces écoles.

de l'industrie de défense pas loin de la retraite, est venu pour l'occasion. « Le problème, c'est que beaucoup de ces enfants ne se sentent ni du bled ni français. Ici, on leur fait comprendre qu'ils sont français et on dit aux parents qu'ils sont une chance pour la France. On assiste aux célébrations au monument aux morts. On s'aperçoit que ces familles sont parfois liées à notre histoire. Certains [de leurs membres] ont combattu pour la France. On leur doit quelque chose, à ces enfants : on a fait venir leur grand-père pour des salaires de misère. Ce n'est pas non plus glorieux. Un gamin m'a dit après une commémoration : "Mon grand-père est décédé mais il avait une médaille militaire. On l'a fait venir de Tunisie. C'était la croix de guerre !" Son grand-père était un héros. Alors cette année, il a porté la médaille de son grand-père pour lui rendre hommage. Cette transmission, elle est importante. »

Plus tard, à l'heure du déjeuner, chaque élève se voit octroyer une tâche pour veiller au bon déroulement du repas à la cantine : il y a ceux qui s'occupent de remplir les carafes d'eau, ceux qui débarrassent et ceux qui mettent les couverts à tremper. De petites voix aux intonations encore aiguës entonnent des « oh non ! », à l'annonce de leur nom, et traînent un peu des pieds mais s'exécutent néanmoins. Tous les instructeurs sans exception déjeunent avec les enfants. Le proviseur, également, supervise sa table d'élèves et déguste des flageolets avec eux. Les adultes aident les enfants plus grands qui aident les plus petits. Nous retrouvons Hakim et ses deux meilleurs copains, Mohamed et Nathan. À notre approche, un peu timides, ils stoppent leur conversation, mais très vite ils se bousculent pour prendre la parole : « Mes copains de l'ancienne école me manquent un peu mais maintenant j'aime bien faire mes devoirs et rendre ma maîtresse fière ! » raconte Nathan qui pique dans l'assiette de son voisin. Les trois copains s'en vont jouer au ballon dans la cour, tandis que des fillettes jouent à la marelle et à la corde à sauter. Malgré leur jeune âge, ces dernières nous confient avec leurs mots qu'elles se faisaient « beaucoup embêter par les garçons » avant, et « même par d'autres filles », parce qu'elles étaient jugées « trop bébés ». Il ne fallait pas dire trop fort qu'elles jouaient encore à la poupée par exemple. Et comme leurs parents plus tôt dans la matinée, elles apprécient que les institutrices et les bénévoles qui travaillent ici interviennent rapidement si un élève est pris à partie. « Dans mon école d'avant, il y avait toujours des bagarres ! »

Les classes tournent autour de 20 élèves en moyenne, un choix d'Éric Mestrallet : « Tant que nous le pouvons, nous préférons de petits effectifs pour nous assurer que chaque élève sera entouré tant au niveau de l'apprentissage que de son bien-être. C'est très important pour moi qu'aucun enfant ne soit délaissé et qu'il ne nourrisse pas une peur de l'école, ou le sentiment même inconscient d'être mis à l'écart. » Le réseau Espérance Banlieues compte 800 élèves au total. « On pourrait ouvrir plusieurs classes supplémentaires, nous avons énormément de demandes, assure le directeur. Mais il y a une question de moyens financiers et aussi de qualité de la prise en charge. Si ça devient trop gros, on fera moins bien.»

L'équipe enseignante est jeune, engagée et majoritairement catholique. Marie, l'institutrice de CE2, est psychologue pour enfants en reconversion depuis un an. «Je n'avais qu'un an d'expérience au Rwanda où j'ai enseigné en coopération avec les religieuses de l'Assomption il y a quatre ans, puis j'ai exercé ici comme psy. Cette formation me sert pour l'approche globale de l'enfant et pour les élèves en difficulté. C'est une chance d'avoir des petits effectifs. Je suis très heureuse de ce choix, on fait quelque chose de beau!» Sa collègue de CM2, Julie, travaille à Charlemagne pour sa deuxième année. «J'ai une licence d'histoire et un master de Sciences Po Grenoble spécialisé dans les organisations non gouvernementales (ONG). J'ai travaillé ensuite en ONG, mais je pensais déjà à l'enseignement. J'ai suivi une formation français langue étrangère. Le projet d'Espérance Banlieues me plaisait, notamment l'importance du lien avec les parents.» Quant à Anne, qui suit la classe de CP, elle est là aussi pour sa deuxième année seulement. Cette titulaire d'un master de philosophie avait assuré bénévolement du soutien scolaire à Espérance Banlieues avant de partir un an au Cambodge avec l'association chrétienne Enfants du Mékong. Camille, qui officie en CM1, a davantage d'expérience. Cofondatrice de l'école, elle y travaille depuis 2017. «J'étais aux ressources humaines dans un labo pharmaceutique à Paris. J'avais une quête de sens comme beaucoup dans notre génération et le désir d'une vie plus active au quotidien. Je me suis formée sur le tas et grâce aussi aux formations qui sont dispensées par notre réseau pendant les vacances. Il y a aussi des profs plus expérimentés qui viennent nous voir et nous donnent des conseils.»

L'association Réseau Espérance Banlieues assure former l'ensemble des équipes éducatives, avant leur prise de poste puis tout au long de leur parcours. Elle propose une formation initiale de quatre-vingt-dix heures et un tutorat pour «partager une culture professionnelle» et «s'approprier le projet pédagogique».

Difficile d'y voir clair. L'initiative a des côtés séduisants, d'autres plus troubles. La fracture sociale entre Paris et les banlieues est une réalité, le sentiment d'abandon et les discriminations aussi. Les parents interrogés semblent satisfaits du cours Charlemagne, les enfants heureux d'aller à l'école. Les enseignantes sont investies : elles témoignent d'un choix authentique et sincère de venir enseigner auprès d'une population souvent défavorisée. Mais nous sommes intrigués par leur manque d'expérience. Certes, elles ont toutes des diplômes de l'enseignement supérieur, mais cela suffit-il pour bien enseigner ? Difficile aussi de se faire une idée de la validité des choix pédagogiques. Ensuite, il y a ces présupposés idéologiques qui nous interrogent.

L'équipe affirme sans complexe les convictions qui sous-tendent son projet. «Au primaire comme au collège, nous insistons sur la maîtrise des fondamentaux. *Back to basics*, comme disent les Américains ! Et ce n'est pas un simple slogan, cela se traduit concrètement dans nos horaires : nous consacrons à l'enseignement du français et de l'histoire de France davantage d'heures que l'Éducation nationale.» Notons, et ce n'est pas un hasard, que l'histoire est pensée comme l'histoire de France uniquement. «Quatre heures contre trois heures dans l'Éducation nationale» au collège car «pour s'identifier progressivement à la France et apprendre à l'aimer, il faut commencer par la connaître, écrit Éric Mestrallet dans son livre manifeste. Nous pensons que l'histoire est avant tout une narration, au moins dans l'enseignement à destination des enfants[9]». Vive le roman national !

L'insistance est également mise sur la morale à l'ancienne. Quand Harry Roselmack demande à Éric Mestrallet : «Mais l'Éducation nationale n'insiste-t-elle pas, elle aussi, sur l'éthique, la morale et le civisme ?», la réponse de celui-ci trahit sa vision réactionnaire de la société : «Écoutez, je n'en suis pas sûr. J'ai plutôt l'impression que l'Éducation nationale pratique le prêchi-prêcha à base de "développement durable", d'"ouverture à l'autre", de "solidarité" et de "refus de toutes les exclusions"... Très bien, mais tout cela ce sont des thèmes assez fades et vagues. Ce n'est pas concret pour des enfants. On peut toujours faire un cours sur la solidarité, mais c'est plus efficace de la pratiquer.» Dans les écoles, le directeur dispense des cours de «protocole», dont «l'objectif est de faire assimiler les codes de la culture française aux élèves. Il ne s'agit pas seulement d'apprendre aux

9. Éric Mestrallet et Harry Roselmack, *Espérance Banlieues*, *op. cit.*

enfants les règles élémentaires de la politesse, mais aussi de leur transmettre les clés de compréhension des soubassements culturels français afin de faciliter leur appropriation [par les élèves]. »

Éric Mestrallet a une conception très particulière du rapport à la religion. Pour cette mouvance proche de la Manif pour tous, le mot « laïcité » – dans son acception actuelle en tout cas – est un gros mot. Notre enquête le montre, Espérance Banlieues est crypto-catholique. « Notre école n'est pas confessionnelle, mais elle n'est pas laïque non plus. En tout cas, pas au sens habituel. Cela veut dire d'une part que nous sommes neutres, nous n'affichons ni ne promouvons aucune confession religieuse ou antireligieuse, et d'autre part que nous ne mettons pas "entre parenthèses" les appartenances religieuses des élèves, écrit-il. Nous faisons très attention à ne pas heurter les consciences car c'est un champ dans lequel l'école n'est clairement pas légitime. Pour être concret, cela implique seulement un peu de discernement en cours de biologie. » Plus loin il explique qu'il n'est nullement question d'enseigner le créationnisme, mais d'expliquer aux élèves que la théorie de l'évolution n'est pas incompatible avec un dieu créateur. Concernant le voile islamique, il explique qu'il est interdit mais qu'il peut être remplacé par un bandana.

Mais dès qu'on interroge le bien-fondé de leur manière de faire, les échanges se tendent. Lors de notre rencontre par visioconférence, Éric Mestrallet nous explique que « les parents doivent s'engager à ce que leurs enfants viennent à l'école le jour des grandes fêtes musulmanes[10] ». Nous faisons remarquer que cela n'est pas conforme au règlement dans l'école publique où les absences sont tolérées pour les grandes fêtes religieuses qui ne sont pas fériées. Il nous rétorque du tac au tac : « Vous êtes musulmans ? » Nous répondons par la négative. « Ah, j'ai eu peur ! » Il rit de sa bonne blague. Plus tard, il nous dira : « À l'Aïd, il y a classe. Ce n'est pas simple à faire accepter, mais c'est un combat. Chez nous, il n'y a aucune compromission. Quand on a des enfants qui sont des petits ayatollahs, on n'a pas peur de les reprendre. On entend des mots comme : "Ta mère est tatouée, elle ira en enfer." Soi-disant, les tatouages seraient interdits dans l'islam. On essaie de tuer ça dans l'œuf. Le climat idéologique dans la société ne permet pas d'intervenir. Il y a une hallalisation de la société française. Nous, on n'a pas peur, mais on est dans la bienveillance. » « Hallalisation de la société française », une expression que l'on retrouve chez Éric Zemmour ou dans les médias qui flirtent avec l'extrême droite.

Fin 2020, la réalité rattrape la rhétorique musclée d'Éric Mestrallet : le cours Alexandre-Dumas de Montfermeil ferme ses portes en raison de problèmes financiers. « Cette école était très liée par l'amitié entre Mestrallet et le maire de Montfermeil, Xavier Lemoine, raconte Lionel Devic. Elle n'a jamais pu s'appuyer sur une association solide pour la porter et trouver des fonds par des entreprises locales. »

10. Entretien du 5 novembre 2020.

« Son coût de fonctionnement s'élevait à 450 000 euros par an, détaille Éric Mestrallet au *Parisien*[11], 10 % des fonds provenaient des frais de scolarité payés par les familles, 10 % de dons recueillis par l'association gérant l'établissement et le reste – 80 % – était abondé par notre fondation. Alors que dans les autres écoles, nous n'apportons que 40 à 60 %. Les associations qui les gèrent rassemblent des gens qui ont un vrai réseau au niveau local et arrivent à trouver des entreprises ou des particuliers prêts à leur apporter un soutien financier. L'association qui s'occupe d'Alexandre-Dumas n'a jamais réussi à développer un tel réseau, car le bassin économique de Montfermeil n'est pas aussi dynamique qu'ailleurs. »

La fermeture de l'emblématique cours Alexandre-Dumas met en effet en lumière la fragilité financière de ce réseau d'écoles. Mais Espérance Banlieues vante une enquête de satisfaction menée par l'Ifop qui relève que 96 % des parents d'élèves recommandent l'école à leur entourage par rapport à une moyenne nationale de 81 %… pour espérer un secours de l'État. « On veut montrer l'impact de nos écoles pour signer une sorte de contrat avec l'État, déclare le fondateur Éric Mestrallet. Si on ne fait rien, la fracture avec la population des banlieues sera béante. » Il se rêve en « pompier » de la fracture sociale : « On souhaite un conventionnement sur des territoires particuliers pour recréer de la confiance avec les parents. Vous savez comment réagissent ces gens-là, il faut

11. leparisien.fr/societe/en-seine-saint-denis-l-ecole-modele-des-Banlieues-ferme-ses-portes-05-07-2020-8347479.php.

les faire plier... En tout cas avancer...» Il rêve surtout d'un modèle de financement qui ferait payer l'État sans remettre le moins du monde en cause leurs pratiques : «Le jour où nous passerions sous contrat, nous serions contraints d'abandonner à peu près tout ce qui fait notre spécificité, ce qui n'est pas le but. À l'expérience, nous avons vraiment besoin de liberté et de l'autonomie que nous garantit le statut hors contrat pour développer notre projet. Ces écoles indépendantes recevraient une dotation égale au nombre d'enfants qu'elles accueillent multiplié par le coût annuel moyen d'un élève du service public.» Ou comment inventer une nouvelle forme de «chèque éducation» à destination des familles, cette vieille revendication de ceux qui rêvent de privatiser l'école.

«D'un côté, on est taxés de néocoloniaux, de l'autre l'extrême droite nous accuse d'être des collaborateurs de l'islam. Et nous faisons face à la méfiance de l'enseignement catholique comme de l'Éducation nationale», soupire Benoît de Longvilliers, le directeur de Charlemagne. Marc-Henri Figuier, le président de l'association, raconte : «Un député de droite me dit : "Il n'y a pas de diversité sociale dans l'école, pas de diversité religieuse, vous êtes complices de ce qui se passe." Je lui ai répondu : "Je n'ai pas créé ces ghettos, je ne fais pas de politique, je ne suis pas responsable de cette situation. Nous, on veut former des Français intelligents, qui savent exercer leur discernement. C'est tout."»

«Nous devons trouver 10 millions par an pour faire fonctionner nos écoles, explique encore Éric Mestrallet. Et les parents n'amènent que 1 million.

Tout le reste vient du privé. » Les familles ne paient qu'entre 50 et 75 euros par mois sur dix mois, auxquels il faut ajouter des frais de fournitures et d'uniforme, soit environ 10 % des coûts réels de la scolarité.

« La fondation Bettencourt s'est largement engagée en apportant 3,3 millions jusqu'en 2022, raconte Anne Coffinier. Elle a aussi placé son Secrétaire général au conseil d'administration. » Espérance Banlieues revendique le soutien de 280 entreprises. Parmi les mécènes affichés, on trouve Amiral Gestion, une société de gestion de portefeuilles, un cabinet international de conseil en stratégie et management, Bain & Company, la Fondation Engie, BNP Paribas, Valéo ou la fondation Suez. À ces entreprises s'ajoutent de nombreux petits donateurs privés en recherche de défiscalisation. Des mécènes aux idées parfois un peu particulières, comme le raconte Éric Mestrallet : « J'ai des donateurs qui me disent : "Vous êtes courageux de faire ça mais c'est trop tard, ça ne sert à rien. On aura bientôt une guerre civile en France avec les musulmans. Mais je vous soutiens quand même." »

Toutefois, derrière ce fragile succès, le modèle et l'esprit Espérance Banlieues interrogent, tout comme la qualité de son enseignement. Anne Coffinier, qui a été aux débuts de l'aventure, porte aujourd'hui un regard critique sur celle-ci. « Éric Mestrallet a trahi le concept d'origine, déplore-t-elle. Suite aux attentats terroristes de 2015, l'initiative Espérance Banlieues a rencontré un brusque engouement et Éric Mestrallet a multiplié les écoles sans souci de leur qualité pédagogique et de l'évaluation scientifique de leurs résultats.

Espérance Banlieues n'avait pas été créée pour essaimer au maximum, mais pour inventer un nouveau concept d'école, faire la preuve de la pertinence de cette approche, et placer l'État face à ses responsabilités, tout en ne renonçant jamais aux libertés propres au statut privé hors contrat. Aujourd'hui, pédagogiquement, c'est très mauvais. Les écoles n'ont aucune régularité dans les performances académiques. La promesse pédagogique n'est pas tenue, et Éric Mestrallet court après l'obtention de financements publics quoi qu'il en coûte en termes de liberté pédagogique. » Quand on lui rétorque que les parents semblent très majoritairement satisfaits, elle ajoute : « Bien sûr, en raison du lien parents-profs qui est très fort, alors que dans le public, les parents se sentent livrés à eux-mêmes et méprisés. Ils voient le côté éducatif, la discipline. Mais ils ne peuvent que rarement juger sur le moment de la qualité pédagogique et académique. Il faudrait faire une enquête sur la satisfaction des parents d'élèves deux ans après la fin de la scolarité à Espérance Banlieues. Et mesurer également l'impact du passage par une école Espérance Banlieues sur l'insertion dans la cité de ces jeunes, pour vérifier que ces écoles ont bien eu l'effet antiséparatiste escompté. » Sur Internet, de rares parents se plaignent du niveau de leur enfant quand il passe dans le public. Mais ils sont très minoritaires.

Compliqué de se faire une idée claire sur le niveau réel de ces établissements. Nous avons fini par réussir à mettre la main sur les rapports d'inspection confidentiels de trois d'entre eux : ceux du cours Saint-Exupéry à Asnières, du cours Charles-Péguy à

Sartrouville et du cours La Boussole à Mantes-la-Jolie. Les trois inspections ont été réalisées à quelques jours d'intervalle en mars 2017 sans que les établissements ne soient informés au préalable. Une méthode et une simultanéité qui prouvent l'attention particulière que l'académie de Versailles porte aux écoles de ce réseau. Les conclusions des inspecteurs convergent pour pointer les insuffisances de l'enseignement qui y est dispensé : les outils pédagogiques sont pauvres, peu variés et répétitifs ; les élèves sont toujours dans l'écoute des professeurs et pas dans la réflexion personnelle ou l'échange ; il n'y a pas de progression dans les apprentissages ; les cours sont des copier-coller de livres et non pas construits par les enseignants.

Si « les traces dans les cahiers attestent d'un travail régulier » au cours Charles-Péguy, là encore la pédagogie générale laisse à désirer : « Les démarches d'application et systématisation sont privilégiées. Les documents ne mettent pas en valeur d'activités de réflexion. Les productions écrites des élèves et les activités visant la compréhension apparaissent peu développées. »

Même constat à La Boussole : « Les différentes observations conduisent à constater que l'établissement prodigue une éducation dont les objectifs se limitent à des apprentissages répétitifs et mécaniques. [...] Les pratiques devront évoluer afin de favoriser plus d'expression, plus d'autonomie et de développement de l'esprit critique. » En résumé, on demande aux élèves de rabâcher sans réfléchir et sans se demander s'ils ont compris.

Certaines disciplines sont faiblement enseignées, voire oubliées. Au cours Saint-Exupéry, « les enseignements artistiques laissent peu de place à la part sensible et créative des élèves. On ne trouve pas de trace d'un cahier qui attesterait d'une prise en compte du volet culturel de cet enseignement. » La pratique de la langue étrangère est inexistante à Charles-Péguy et « le langage des arts et du corps très peu développé ». On ne trouve sur les emplois du temps que de toutes petites plages dédiées au sport, au chant, à l'éveil à l'art... « Les traces dans le domaine des arts plastiques sont peu nombreuses et pauvres ; aucune œuvre de référence n'est proposée. » Concernant l'enseignement des systèmes naturels et des systèmes techniques, les inspecteurs observent « des traces de contenus scientifiques sans mise en évidence de démarche d'investigation ».

L'utilisation de l'ordinateur n'est pas inscrite dans le projet de Charles-Péguy, pas plus qu'à La Boussole. « L'usage de l'informatique mérite de ne pas être sacrifié au nom des "inquiétudes" qu'il peut occasionner, notent les inspecteurs, mais au contraire doit faire l'objet d'un accompagnement et d'une éducation comme outil de création et d'écriture, comme outil de recherche et de documentation. »

Déficit d'apprentissage des langues étrangères, enseignement de l'informatique mis de côté, enseignement scientifique qui ne fait pas place à l'expérience : une fois encore la pédagogie est « à l'ancienne », sans tenir compte des évolutions du monde. *Back to basics*, le retour aux fondamentaux revendiqué, rime ici avec pauvreté des apprentissages.

Mais les professeurs sont-ils capables d'autre chose ? La formation des enseignants d'Espérance Banlieues semble aussi laisser à désirer, comme le démontrent les conclusions des inspecteurs à propos du cours Saint-Exupéry : manque de références au socle commun de connaissances, maîtrise insuffisante des nouveaux programmes, « savoir-faire de "bas niveau" en français et en mathématiques »... Et pour enfoncer le clou : « La formation scientifique, didactique et pédagogique des enseignants doit être une priorité pour répondre de manière professionnelle aux enjeux des missions d'enseignement confiées par les familles. » Même constat à Charles-Péguy : « L'école dispense un enseignement formel centré sur les apprentissages fondamentaux. L'activité orale de l'élève est sollicitée en fonction des compétences professionnelles des enseignants. Une prise en compte plus importante des éléments du socle commun de connaissances, de compétences et de culture est attendue dans toutes les classes. Il pourrait être pertinent que les enseignants se forment sur ce sujet. » Le rapport est cinglant. En clair, les profs n'ont pas le niveau, ne maîtrisant pas une vision globale des compétences à atteindre. Conclusion : ils doivent se former d'urgence. Mais de toutes ces lacunes, les parents n'auront jamais connaissance...

« On juge l'arbre à ses fruits » est le titre d'un des chapitres du livre d'Éric Mestrallet. Alors qu'en est-il ? Difficile d'évaluer le devenir de ces élèves. Des professeurs ont affirmé dans la presse[12] que ceux de

12. questionsdeclasses.org/?Montfermeil-la-face-cachee-d-Esperance-Banlieues-entretien.

l'école de Montfermeil qui revenaient dans le public n'avaient pas le niveau. Mais un parent nous a dit que le retour dans le public de son enfant à Argenteuil s'était bien passé. Il manque clairement un rapport d'inspection global du réseau Espérance Banlieues pour dresser un bilan. Nous avons interrogé l'entourage du ministre de l'Éducation nationale à ce sujet. « Il n'existe pas, nous a-t-on répondu. C'est trop petit pour que l'inspection générale se penche sur leur cas. »

La logique d'Espérance Banlieues évoque davantage une approche d'ONG humanitaire que celle d'une institution scolaire. Les professeurs avec lesquels nous avons échangé sont pour beaucoup passés par un temps de coopération et ils nous ont donné l'impression d'aborder leur engagement dans l'école dans le même esprit et la même générosité. Mais sans les ressources pédagogiques nécessaires. Les cadres sont quant à eux idéologiquement plus marqués, le fondateur reprenant facilement une rhétorique de la droite de la droite. L'esprit « scouts toujours », le volontarisme, la débrouillardise et le bricolage ne suffisent pas à faire une école de qualité. Même avec l'argent de la Fondation Bettencourt, même avec des fondations d'entreprises multiples.

14

Les cathos intégristes : l'école à l'extrême droite du Christ

Sur le site La Porte latine, le portail des catholiques intégristes, on ne dénombre pas moins de 58 écoles primaires et secondaires dans l'obédience de la Fraternité sacerdotale Saint-Pie-X (FSSPX), société de prêtres traditionalistes fondée en 1970 par Mgr Lefebvre en opposition à la réforme décidée par le concile Vatican II. Hors de de l'Église catholique, ils restent notamment attachés à la messe en latin. Elle compterait environ 35 000 fidèles en France. « Les écoles catholiques de la Tradition sont systématiquement sous régime hors contrat afin de garantir un enseignement véritablement libre et catholique », met en exergue la page consacrée à ces établissements. Un véritable projet pédagogique réactionnaire dont on peut trouver un bon résumé dans la préface d'un livre d'histoire[1] écrit par une congrégation

1. Dominicaines enseignantes de Brignoles, *Précis d'histoire. Histoire contemporaine de 1945 à 1990*, Suresnes, Fideliter-Clovis.

religieuse intégriste à l'usage de leurs écoles : « Une constatation s'impose à l'esprit. La plupart des peuples et leurs dirigeants vont à la dérive, ayant perdu le sens de la vie humaine et, par conséquent, une idée de la saine structure des sociétés et des rapports entre nations. Les idéologies proposent leurs recettes artificielles, qu'il s'agisse de démocratie libérale ou de socialo-communisme. [...] Seule l'Église catholique détient les vérités salvatrices, même dans l'ordre temporel, mais les successeurs des Apôtres se taisent. La grande victoire des ennemis de Dieu est d'avoir persuadé les hommes d'Église de parler le langage de leur temps et d'adapter l'Évangile aux requêtes du moment. Même si la situation est tendue à l'extrême, nous savons que rien n'est impossible à Dieu. » L'objectif de cette mouvance intégriste est de former des « purs éclairés » dans une visée restauratrice d'une société idéale qui n'a jamais existé que dans l'imagination de ses membres. Elle est largement financée par la Fondation pour l'école, ainsi que l'a révélé le site internet Basta, qui a eu accès à la liste confidentielle des établissements que soutient cette fondation en 2017[2].

Comment de telles écoles, avec un tel programme, peuvent-elles encore exister aujourd'hui ? Qui les fréquente ? Comment s'y passe la vie quotidienne ? On peut s'en douter, ce genre d'établissements n'accueille pas à bras ouverts les journalistes. Nous avons donc orienté nos recherches sur le Web. Et de contact

2. bastamag.net/Fondation-pour-l-ecole-etablissements-prives-hors-contrats-non-mixite-fraternite-saint-pie-X-academia-christiana.

en contact, notre enquête nous a fait croiser le chemin d'Antoine[3]. Après une instruction essentiellement en famille, il a été plusieurs années élève de l'école de la Fraternité Saint-Pie-X de Bitche, en Moselle, ses parents fréquentant assidûment cette communauté. Aujourd'hui, si sa famille reste très engagée, Antoine a pris ses distances avec la fraternité, et même avec la foi. « J'ai été victime de pédophilie de la part d'un prêtre de la Fraternité dans le cadre du scoutisme, mais il n'y a jamais eu de procès civil. Mes parents m'ont cru, mais rien n'a été dit publiquement car il ne fallait pas faire de vagues, il ne fallait pas faire de tort à Mgr Lefebvre. On nous dissuade de saisir la justice, on nous dit que nous sommes les derniers "purs", donc qu'en s'attaquant à la communauté, on s'attaque à Dieu. Dans mon cas, le prêtre a juste été déplacé avant d'être jugé lors d'un procès canonique. Finalement, il est parti chez Mgr Williamson, l'évêque qui s'est fait exclure de la Fraternité pour négationnisme[4]. Au sein de la Fraternité, il y a une emprise sur les enfants et les parents. Pour moi, on peut parler de dérive sectaire, même si ce n'est pas une secte. J'ai des souvenirs épouvantables de l'école de Bitche. On lisait mon courrier, on fouillait mes affaires. Un des prêtres n'hésitait pas à battre les élèves. Mais les châtiments corporels n'étaient pas généralisés ; il fallait

3. Le prénom a été modifié à sa demande. Entretien du 5 novembre 2020.

4. Mgr Williamson est un évêque catholique traditionaliste anglais qui a été exclu de la Fraternité Saint-Pie-X pour avoir nié à plusieurs reprises l'existence des chambres à gaz. Il a aussi accusé les États-Unis d'avoir fomenté les attentats du 11 septembre 2001.

qu'un des parents ait donné son accord, du style : "N'hésitez pas à le corriger s'il fait des bêtises." Un de mes camarades se faisait ainsi régulièrement frapper. Et puis, une fois par mois, il y avait les chantiers. On allait en forêt par équipe le dimanche pour défricher, juste comme ça, quelle que soit la météo. C'était aussi une punition pour ceux dont on avait jugé qu'ils s'étaient mal comportés. Comme autre sanction, on devait parfois rester des heures les mains sur la tête. On était encouragé à dénoncer ses camarades s'ils faisaient quelque chose de contraire au règlement. En résumé, je dirais que l'ambiance était concentrationnaire. Le nom de l'établissement était "Étoile du matin", mais entre nous, on l'appelait "Ausbitche".»

Au sein de l'établissement, tout est codifié et minuté. Le matin, le surveillant de dortoir, un élève plus âgé, allume la lumière. Immédiatement, tout le monde se lève et se met à genoux pour prier. Le passage sous la douche est chronométré. Direction ensuite la chapelle pour une prière avant le petit déjeuner. Puis les cours. Le pion, un ancien adjudant, vérifie régulièrement le rangement millimétré des placards. Quand ça ne lui plaît pas, il renverse le meuble pour obliger le jeune à ranger dans les règles. «Il se croyait toujours à l'armée, raconte Antoine, c'était un vrai sadique. Il faisait aussi fonction de prof de gym, il adorait nous faire faire du lancer de poids, même en plein hiver quand il faisait bien en dessous de 0 °C...»

La qualité des cours est variable, selon cet ancien élève. «En français et en latin, nous avions de bons enseignements, mais j'ai eu de très mauvais cours de sciences. Par exemple, nous n'en avons eu aucun sur l'évolution en sciences naturelles. Tout était mis sous le tapis. On nous disait qu'Adam et Ève étaient des personnages historiques. Dans les cours d'histoire, le récit national était bien ancré. On exaltait Clovis et Jeanne d'Arc. On était aussi viscéralement antigaulliste. La plupart des élèves et des profs étaient royalistes. Pétain était valorisé ; de toute façon, je dirais qu'on vivait dans une ambiance pétainiste généralisée. Mais l'établissement se prenait pour une école d'élite. Pour avoir les meilleurs résultats possibles, ils forçaient les élèves à choisir une filière sans tenir compte de leurs désirs, ou ils les excluaient. »

Antoine n'est pas le seul à dénoncer des maltraitances. Pascal est né dans une famille catholique intégriste. Sa mère est la sœur de l'abbé Pierre Laurençon, qui a été supérieur de la Fraternité pour la France. Il a fréquenté deux écoles de la Fraternité, L'Étoile du matin à Bitche, et l'école Saint-Michel à Niherne, près de Châteauroux, entre la fin des années 1980 et le début des années 1990. « Pour moi, c'est l'école de Niherne qui me laisse le pire souvenir. Imaginez le style des élèves : cheveux très courts sur le côté, une mèche devant, un chèche beige et des rangers aux pieds. On nous criait dessus comme dans un camp militaire. J'étais régulièrement frappé par les prêtres. Plusieurs fois j'ai fait des vols planés sous la violence des gifles. Un de mes copains est resté sourd toute une matinée après un coup sur l'oreille. On recevait aussi des coups de ceinturon sur le dos. Mais les parents avaient une confiance absolue dans les prêtres, donc on se taisait. Je me souviens particulièrement d'Yves

Chiron[5], notre prof d'histoire. Je me souviens qu'il nous disait que la Révolution avait été le pire drame qu'ait connu la France. Et le traitement de la Seconde Guerre mondiale, de l'Occupation en France était surréaliste. On le retrouve aujourd'hui régulièrement sur des plateaux de chaînes d'infos[6]. »

Pascal Bessenay est resté marqué par les réseaux qui gravitaient dans l'orbite de la Fraternité. « Un jour, un haut gradé de l'armée à Bitche avait déplacé deux chars, un hélicoptère et quelques soldats rien que pour nous. Ils avaient et ils ont encore de vrais relais dans l'armée. On avait aussi quelques Africains dans l'école. Je me souviens de Gabonais, des fils de haut gradés et d'hommes politiques puissants. » Sa sœur a été également dans une école de religieuses dominicaines intégristes dans le Jura, le cours Notre-Dame de-l'Annonciation. « L'école se trouve dans un château moyenâgeux. Même ambiance, avec une surveillance encore plus stricte, car les sœurs étaient nombreuses. On leur disait que les femmes étaient là pour faire des enfants et assurer le quotidien du foyer. »

Ce que nous confirme Françoise[7]. Cette mère de famille désormais installée en Rhône-Alpes a fréquenté à la fin des années 1970 une école des Dominicaines enseignantes du Saint-Nom-de-Jésus et

5. Historien, essayiste et journaliste, Yves Chiron est spécialiste de l'histoire de l'Église et du catholicisme contemporain. Consultant dans de nombreux médias, il a aussi collaboré dans des journaux d'extrême droite, *Rivarol* et *Présent*, et fondé le *Bulletin Charles Maurras*.

6. Entretien du 5 décembre 2020.

7. Le prénom a été modifié. Entretien du 7 décembre 2020.

du Cœur immaculé de Marie dans le Var. «Oui, les sœurs nous disaient que nous étions faites pour nous marier et être femmes au foyer de préférence. On avait des cours de couture. Je n'en garde pas un mauvais souvenir, je bavardais avec une sœur qui était sympa. Se posaient aussi des questions d'emprise et de manipulation. Un jour, dans un groupe de partage, on nous a demandé de dire au groupe ce qu'on reprochait à chacune, de dire les péchés qu'on voyait chez les autres. J'ai quitté le groupe immédiatement, car j'étais mal à l'aise. J'ai été convoquée pour m'expliquer. La sœur a fait pression pour que j'y participe, mais je n'ai pas cédé et je n'y suis pas retournée. Et puis je posais beaucoup de questions sur les enseignements et cela n'était pas apprécié. Ce qui m'a sauvée, c'est que j'ai toujours gardé mon esprit critique. En terminale, une sœur m'a dit en début d'année : "Si cela ne tenait qu'à moi, vous ne seriez pas dans la classe, car on voit bien que vous n'avez pas les mêmes idées." J'ai senti que j'étais dans le collimateur, alors je me suis fait toute petite, j'ai eu mon bac et j'ai été soulagée de quitter cette école.»

L'Avref, l'association d'aide aux victimes de dérives dans les mouvements religieux, a réalisé *Le Livre noir de la Fraternité sacerdotale Saint-Pie-X*[8]. Parmi les nombreux méfaits dénoncés, citons l'exemple de l'école Sainte-Marie à Saint-Père, près de Saint-Malo en Ille-et-Vilaine. «Trois enseignants y ont été

8. Il est téléchargeable dans son intégralité : www.avref.fr/fichiers/FSSPX LIVRE NOIR 2019–2.pdf.

condamnés à des peines de prison pour maltraitance physique sur pas moins de sept élèves. Parmi eux, un prêtre de la FSSPX. [...] Cet établissement collectionne depuis sa fondation, en 1987, les affaires d'abus. Qui plus est, les autorités de l'école Sainte-Marie, loin de collaborer à l'enquête, l'ont plutôt entravée par leur passivité. Pire, elles ont tenté en sous-main d'imposer l'omerta, en cherchant notamment à dissuader les familles des victimes de se porter parties civiles. Comme façon de se distancier de ses moutons noirs, on a déjà vu plus convaincant ! L'école et son avocat ont par ailleurs minimisé les mauvais traitements, sur l'air de "personne n'est jamais mort d'un coup de pied au derrière". Ce à quoi on pourrait répondre que personne en France n'a jamais été condamné à une peine de prison pour un simple coup de pied au derrière. En réalité, les mauvais traitements allaient des privations de repas aux coups purs et simples, certains assénés avec un bâton, en passant par des séances d'humiliation où les élèves récalcitrants étaient contraints à manger du savon.» Répétés pendant trois ans (2008-2011), ces actes de maltraitance ont valu aux accusés quatre mois de prison avec sursis, écrit l'Avref. Sur le site internet de l'école, on peut lire : «Le corps professoral est constitué de quatre prêtres, de trois frères, et d'une quinzaine de professeurs laïcs qualifiés, profondément attachés à leur métier d'enseignant et d'éducateur. Leurs qualités morales sont une garantie d'une ambiance authentiquement chrétienne et humaine.» Voilà qui est vite dit. Car l'école Sainte-Marie est aussi au cœur d'un scandale d'agressions sexuelles.

Un ancien militaire de 52 ans, Guillaumo Aguilar, a été jugé pour treize agressions sexuelles commises entre 1996 et 2001. Il avait réussi à entrer dans l'école en moyenne deux fois par an, sur ses jours de permission, grâce à un ami, un frère de la confrérie qu'il venait visiter, et à créer un climat de confiance autour de lui. À des enfants âgés de 10 ans, il proposait d'essayer des treillis et profitait qu'ils se changent pour glisser sa main dans leur slip. À un autre garçon, il demande de se mettre tout nu et le filme avec son caméscope en échange de bonbons et de barres chocolatées. Il offre une paire de rangers pour les remercier de l'avoir masturbé ou en échange d'une fellation à des petits pensionnaires. Pour cette autre victime, ce sera une gourde et un couteau en cadeau après l'avoir fait crier de douleur alors qu'il tentait de le pénétrer... Comme toujours dans ces institutions intégristes, une chape de plomb entoure ces crimes. Pourtant, à l'époque des faits, deux enfants s'étaient confiés à un prêtre de l'école. Mais au prétexte du « secret de la confession », rien n'a filtré. La hiérarchie de l'établissement n'a pas été inquiétée... On ne peut que s'étonner de la mansuétude dont ont fait preuve la Justice, mais aussi les instances de l'Éducation nationale. Même l'avocate du prévenu, Karine Helouvry, s'étonnera « qu'une école comme celle-ci aux méthodes plus que contestables existe encore en 2020[9]. » Le 17 décembre dernier, Guillaumo Aguilar a été condamné à sept années de prison[10]. Il purgeait

9. Article dans *Le Pays malouin*, 13 novembre 2020.
10. Article dans *Ouest-France*, 17 décembre 2020.

déjà une peine de seize ans de réclusion pour des viols sur mineurs.

Un document confidentiel vient confirmer et étayer ces témoignages qui font froid dans le dos. En 2016, à la suite d'une mission de contrôle des écoles privées hors contrat, pour le premier et le second degré, une inspectrice de l'académie de Versailles, correspondante « mission de prévention des phénomènes sectaires et des phénomènes d'emprise sur les jeunes », rend cette note que nous avons pu consulter. Ce rapport d'une dizaine de pages a pour titre « Un terreau propice aux endoctrinements ».

Le constat qu'il dresse sur les écoles intégristes catholiques est éloquent, tant en ce qui concerne la pédagogie que le contenu des enseignements. Il corrobore les récits que nous ont fait Antoine, Pascal et Françoise. Morceaux choisis : « Dans une école Saint-Pie-X, j'ai interrogé la directrice pour savoir si les enfants posaient des questions. Elle m'a rassurée et a ajouté : "Mais l'Église ayant donné des réponses, nous donnons les réponses de l'Église." Les théories créationnistes développées sur le site de ces écoles devraient-elles nous rassurer ? En histoire, l'inspectrice note que "les enfants apprennent par cœur un récit des origines, traditionnel, franco-centré, d'événements choisis pour la possibilité qu'ils offrent d'y déceler une forme d'apologétique religieuse". Ainsi, "sainte Geneviève, à elle seule, sauve la Gaule". Dans un manuel, il est écrit que "Pétain a sauvé la France", que "des ingrats ont fui en Angleterre". En géographie, nous notons "qu'il n'y a pas d'enseignement spatialisé (aucun travail sur des cartes), aucune réflexion sur les grands enjeux sociétaux, mais une approche essentiellement dédiée à la géographie physique des années 1950 et 1960".»

L'instruction civique, de son côté, est révélatrice de l'idée très réactionnaire de la société que portent les enseignants et qu'ils veulent inculquer aux enfants. «L'instruction civique est conçue, dans plusieurs écoles, comme l'éducation aux valeurs religieuses du vivre ensemble sans que l'aspect citoyenneté ne soit envisagé. On peut s'inquiéter sur les valeurs portées par des sentences, des maximes édifiantes et des conseils en guise d'éducation civique du genre : "Comment reconnaît-on la race blanche?", "Comment se comporter avec un supérieur, un égal et un inférieur?" (Saint-Pie-X). Et que penser des exemples relevés dans les livres à la disposition des enfants sur le rôle de la femme dans la famille : "maman a toujours le sourire", "le repas est toujours prêt à l'heure"?», pointe le rapport de l'académie de Versailles.

Quant à la grammaire, elle est parfois enseignée avec des méthodes d'un autre âge, sans aucune explication de la notion grammaticale, ainsi que le constate l'inspectrice. «Lors de l'observation d'une séance de grammaire, dans une école Saint-Pie-X, nous constatons qu'il n'y a pas de situation d'apprentissage mise en œuvre, ni même de reprise ou d'analyse particulière, d'explicitation d'une notion grammaticale. Nous notons que des éléments relatifs à l'étude et au fonctionnement de la langue, qui permettraient aux élèves de construire la notion grammaticale, ne sont pas indiqués sur les cahiers. Les élèves répètent, copient et produisent une phrase sans qu'à aucun moment de la séance l'objectif et le sens de la situation ne soient soulevés.»

Et il y a aussi tout ce qui n'est pas dit, les contenus évités, «des pans entiers du savoir» s'alarme l'inspectrice. «Ils correspondent strictement aux compétences que des enfants et des jeunes doivent acquérir dans le cadre de l'instruction. Dans le livre de sciences de la vie et de la terre de troisième d'une école Saint-Pie-X, les pages sur la contraception sont collées entre elles.»

Comme dans le réseau Espérance Banlieues, les ordinateurs ne trouvent pas grâce dans l'enseignement. «En ce qui concerne les recherches personnelles et l'usage des outils informatiques, nous notons que le matériel informatique est absent ou n'est pas à usage pédagogique. Dans un établissement Saint-Pie-X, le projet d'école, en réponse à une question des familles sur l'usage de l'informatique, explique le refus d'y recourir par cette phrase : «Les outils informatiques ne sont pas propices à l'élaboration d'un raisonnement.» Cette sentence étant posée comme vérité justifie l'absence de toute éducation aux médias et à l'usage des outils numériques.» Cachez cette modernité que je ne saurais voir…

Le constat de l'inspectrice est implacable : tous les éléments sont là pour des sanctions éventuelles. Mais visiblement aucune suite n'a été donnée. Il existe toujours trois écoles de la Fraternité ou affiliées dans l'académie de Versailles. Que les ministres soient de droite ou de gauche, aucun n'a visiblement voulu prendre le problème à bras le corps.

Les liens des écoles de la Fraternité Saint-Pie-X et de leurs «écoles amies» avec l'extrême droite sont bien connus. Pour juger de leur influence sur les enseignements qui y sont dispensés, il faut se pencher sur le contenu de leurs cours d'histoire. Des anciens élèves nous mettent sur la piste des manuels utilisés par la plupart des écoles de la mouvance traditionaliste. Ces manuels sont rédigés par une congrégation dans l'orbite de feu Mgr Lefebvre, les Dominicaines enseignantes de Brignoles, dans le sud de la France, et publiés aux éditions Fideliter-Clovis, maison sous influence de la Fraternité. Pour se les procurer, il suffit de se rendre sur le site de la librairie et de débourser la somme de 48 euros. La lecture des deux tomes consacrés à l'histoire contemporaine[11] est édifiante.

Sans surprise, le manuel sous-entend que le capitaine Dreyfus est coupable d'espionnage au profit de l'Allemagne, et il consacre à l'affaire Dreyfus pas moins de cinq pages. On y apprend : «Une manœuvre habile facilitait la découverte d'un nouvel accusé : la meilleure solution était la découverte d'un nouveau coupable. [...] Grâce à la complicité de certains magistrats, le jugement du conseil de guerre fut enfin cassé.»

L'Action française, mouvement politique nationaliste et royaliste d'extrême droite très puissant avant guerre, «qui s'employa à réveiller le sens de la Patrie», est encensée : «La force de la pensée de

11. Dominicaines enseignantes de Brignoles, *Précis d'histoire. Histoire contemporaine de 1945 à 1990*, *op. cit.*

Charles Maurras s'imposa au sein d'une équipe hors pair.» À l'inverse, la Démocratie chrétienne est conspuée : «Fille de la Révolution dans son essence même, son rêve est de concilier l'inconciliable : le christianisme et la "promotion" – c'est-à-dire la déification – de l'homme.» Et de conclure : «La fermeté du catholicisme met en lumière la contradiction irréductible entre la Royauté de Dieu et l'indépendance totale de l'homme. [...] Par nature, la Démocratie chrétienne est ennemie de l'Église.»

Plus loin, la conclusion des pages sur l'Italie fasciste est particulièrement indulgente. «Le fascisme avait avec le nazisme des points communs tels que le rejet du communisme et de la démocratie issue des principes de la Révolution française; les deux régimes étaient autoritaires et ennemis du libéralisme. Ils avaient en commun le culte du chef, les grandioses manifestations, les discours non totalement exempts de démagogie. Mais le fascisme n'avait pas d'idéologie; il était l'œuvre d'un ancien socialiste qui, au contact du pouvoir, avait profondément évolué; il reconnaissait le rôle de la famille, d'une saine organisation du travail de type corporatif; il avait bénéficié de l'appui du Roi et avait compris qu'on ne pouvait pas séparer l'Église de l'État. [...] Le fascisme était trop lié à un homme, Mussolini, qui fut combattu par le catholicisme libéral et la germanophilie des politiciens de la vieille école. Les circonstances extérieures contribuèrent à rejeter l'Italie dans le camp allemand; le simplisme des "démocraties" et les intérêts à courte vue poussèrent à assimiler et finalement associer deux gouvernements cependant très différents au départ.» La haine de la sociale-démocratie (de la démocratie tout court), l'indulgence voire l'admiration pour l'extrême droite et le fascisme transparaissent dans un manuel d'histoire utilisé aujourd'hui en France. Il est sidérant que ces bonnes sœurs nostalgiques des dictatures puissent l'exprimer au grand jour et éduquer des enfants.

On continue de feuilleter et les chapitres sur la Seconde Guerre mondiale réservent à leur tour bien des surprises. Les Anglais seraient ainsi en partie responsables de la défaite de juin 1940. «Il [Winston Churchill, le Premier ministre anglais] semblait oublier que la défaite avait été rendue inéluctable par la défection des forces anglaises dans les Flandres d'abord, sur la Somme ensuite au moment où Weygand croyait avoir rétabli un front pour endiguer l'invasion.» À propos de l'armistice de Compiègne, le 22 juin 1940, les sœurs écrivent : «La France conservait un gouvernement indépendant dont le chef était le maréchal Pétain.» Une indépendance toute relative... Vichy trouve décidément grâce à leurs yeux. «La Révolution nationale n'avait aucunement l'allure de dictature; il était d'ailleurs prévu qu'après guerre, il y aurait de nouveau des chambres élues.»

Concernant l'entretien entre Pétain et Hitler à Montoire du 24 octobre 1940, «il fut question de "collaboration", non pour aider le Führer à vaincre l'Angleterre, mais pour permettre à la France de survivre.» Et d'ajouter : «Le prestige du vainqueur de Verdun ne fut pas sans impressionner les maîtres d'un jour.»

Mais surtout, le manuel crache sa haine du communisme à longueur de pages. À propos de l'assassinat d'un officier allemand le 21 août 1941 au métro Barbès, on peut ainsi lire : « Les auteurs de ces provocations étaient toujours des militants communistes éprouvés qui disparaissaient dans la foule et se cachaient facilement chez des complices. » Et à propos d'autres attaques de la Résistance, les auteurs sont décrits comme « de véritables professionnels du meurtre et du sabotage ». Et de conclure : « À partir de cette époque, les communistes avaient réussi à briser l'élan de la Révolution nationale ; l'insécurité et la violence détruisaient le climat de confiance. Les militants communistes surent faire oublier qu'ils avaient commencé par trahir la France au début de la guerre et ils noyautèrent des groupes de "résistants" gaullistes ou non. » Oui, les résistants sont toujours cités entre guillemets.

Indulgence en revanche à l'égard des collaborateurs. Ainsi, Déat, Darnand ou Doriot, « profondément opposés au bolchevisme mais laissés à eux-mêmes agirent souvent avec imprudence, toujours avec courage. Ils payèrent durement leurs erreurs à la Libération ». « En août 1944, ce fut le début de la "Libération" ; les responsables à tous les niveaux qui avaient permis à la France de survivre furent déclarés traîtres à la Patrie et accusés de collaboration. » « Les procès du maréchal Pétain ("un montage sans honneur ni vérité") rentré en France pour se défendre, celui de Laval et de Maurras, montrèrent une volonté d'abattre toute résistance au gaullisme. [...] Les injustices furent innombrables :

outre la peine de mort, l'emprisonnement et l'indignité nationale qui faisaient perdre à beaucoup leur situation, ainsi que la confiscation des biens, atteignit l'élite des Français.» Quoi d'étonnant quand on sait que la Fraternité sacerdotale Saint-Pie-X a caché pendant des années dans ses propriétés Paul Touvier, chef de la Milice lyonnaise sous l'Occupation, arrêté en 1989 et condamné pour crimes contre l'humanité.

Quant à la Shoah, elle n'est carrément pas évoquée. Les mots «chambres à gaz» ne figurent pas dans les manuels... Un point de détail de l'histoire sans doute. Les camps de concentration sont qualifiés de «lieux d'internement pour civils soumis à un traitement plus ou moins inhumain selon les chefs, tous venus des SS». L'extermination des juifs est évoquée en deux phrases. «Dès le début, il y eut, outre des communistes, des juifs; leur nombre s'accrut pendant les hostilités, surtout lorsque les difficultés commencèrent pour la Wehrmacht. Les Allemands entreprirent d'envoyer dans ces camps les juifs étrangers qui avaient été recensés; des familles entières furent déportées et il était évident que c'était en vue de leur extermination.» Mais de «solution finale», il n'est point question, ni de la rafle du Vél'd'Hiv organisée par l'État français avec la collaboration des policiers et gendarmes français en juillet 1942. Aucun chiffre non plus pour dire l'ampleur de ces camps de la mort. En revanche, les auteurs en profitent encore pour calomnier les communistes. «Même après juin 1941, les communistes furent relativement privilégiés, servant de “Kapos”, sortes de contremaîtres sous les ordres des SS. [...] La découverte de toutes ces horreurs par les armées alliées provoqua une haine du "fascisme" plus que celle des Allemands ; un dangereux amalgame rendait responsable d'atrocités tout régime autoritaire, donc Vichy ; mais les procédés identiques de l'épuration n'étaient jamais dénoncés par les médias. »

« La découverte des camps de concentration où avaient péri dans des circonstances atroces beaucoup de prisonniers politiques des pays occupés, des juifs, mais aussi des opposants allemands à l'hitlérisme, fut exploitée sans scrupule par les socialo-communistes, tout comme par les démocrates-chrétiens, contre leurs adversaires politiques. Ceux-ci étaient réputés complices de ces horreurs qui étaient ignorées même de beaucoup d'Allemands. [...] La presse, tout entière aux mains des partis au pouvoir, exerça une sorte de terreur intellectuelle pendant plusieurs décades. Tout l'effort de redressement moral qui avait commencé en 1940-41 et qui avait déjà donné du fruit était anéanti ; la Révolution nationale, véritable contre-révolution, laissait la place à l'esprit jacobin ; la démocratie chrétienne n'était plus contrée par le véritable christianisme et put désormais poursuivre son œuvre de décomposition. » Étonnamment, nous n'avons pas trouvé dans cet ouvrage les paroles de ce qui pourrait être leur tube, *Maréchal, nous voilà !*

La conclusion est un amalgame que ne renieraient pas les complotistes de 2021 : « L'après-guerre s'ouvrait sur une situation trouble. [...] La finance internationale tendait à devenir la maîtresse du monde ; la franc-maçonnerie se réorganisait ; les gouvernants semblaient livrés à des forces occultes qui les dépassaient et les manœuvraient à l'insu de ceux qui leur faisaient confiance.» Dans ces écoles, on enseigne donc noir sur blanc, en 2021, le rejet de la République, une forme de négationnisme et de révisionnisme par omission et on fait l'apologie de l'extrême droite. Certaines positions développées relèvent, normalement, du délit. Avec l'expérience de Trump aux États-Unis et l'explosion de groupes conspirationnistes comme les Qanon, on ne comprend pas bien que les autorités françaises laissent faire en toute impunité ces fabriques de citoyens extrémistes.

Le reste est évidemment à l'avenant. La torture par l'armée française en Algérie est légitimée, car elle «permettait cependant de remonter les filières et d'atteindre les vrais responsables des massacres urbains». Et d'ajouter : «Les officiers en charge de ces interrogatoires ne les faisaient pas de gaieté de cœur, mais ils savaient ce que coûtait l'absence de renseignements.» Et l'auteur de l'attentat contre le général de Gaulle en août 1962 est ainsi décrit : «Un brillant ingénieur militaire, Bastien-Thiry, résolut de supprimer l'homme néfaste et prépara l'attentat du Petit-Clamart. [...] Il fut rapidement arrêté, expliqua son projet avec la plus grande honnêteté et fut condamné à mort ; de Gaulle refusa d'accorder sa grâce.»

Quant aux racines de Mai-68, elles seraient dues, en plus du baby-boom, au fait que «beaucoup de jeunes, garçons et filles, devenus bacheliers, avaient suivi la filière "facile" de la faculté. [...] Beaucoup d'entre eux, les filles surtout, n'arrivaient pas à terminer une licence. La sociologie et la psychologie n'ouvraient que de minces débouchés après plusieurs années d'études peu favorables à l'équilibre intellectuel. [...] Pour accueillir ces étudiants, on avait créé des résidences universitaires. Baptisés campus, ces ensembles nouveaux avaient surtout l'inconvénient de faire vivre les étudiants en vase clos et de les rendre vulnérables à une très habile manipulation communiste.»

Bien entendu, le salut de la France ne viendra que des royalistes, de l'extrême droite et de ces jeunes «purs». «Les partis qui estimaient représenter "la droite" en France étaient des libéraux proches du centre. [...] On réputait donc "d'extrême droite" tous les mouvements qui réclamaient un programme conforme aux intérêts du pays : la priorité devait revenir à la défense des possessions françaises, à l'indispensable indépendance au sein de la CEE, à la sécurité par des alliances mais aussi par un armement suffisant; il fallait lutter contre le terrorisme et le chantage des prises d'otage. À l'intérieur du pays, un grand effort de redressement économique supposait le retour à la libre entreprise ainsi que la limitation de la dictature des syndicats complètement politisés. En outre, il fallait un véritable courage pour enrayer la dégradation des mœurs, fruit de la société "permissive" : c'était aller à l'encontre non seulement d'hommes politiques mais aussi des puissances d'argent qui faisaient leur miel de la pornographie, du vice et de l'avortement. Lutter contre les "lobbies" qui imposaient une pédagogie aberrante sous prétexte d'"égalité des chances", et une vision marxiste de la société, relevait du tour de force; combattre le trafic de drogue et la délinquance impliquait de répudier la fausse conception des droits de l'homme. Limiter et réglementer l'immigration passait pour du racisme. Aucun parti de la droite classique ne voulait entreprendre de telles réformes. Seuls les royalistes osaient en parler, ainsi qu'un parti traité d'extrémiste, le Front national.» Pas étonnant que le parti d'extrême droite soit mis en valeur. Car ainsi que nous le rapportait un des anciens élèves : «Ici, les parents votaient presque tous Le Pen.» Le chapitre intitulé «L'envers du décor pour les personnes et les sociétés» qui dénonce les «refuges» comme «la drogue, le rock, la licence sexuelle» et l'homosexualité qui «grâce à Freud a gagné le droit de cité» arrive à cette conclusion : «Cependant, une élite de jeunes, garçons et filles, ayant gardé ou retrouvé la foi catholique authentique qui modela la civilisation occidentale, s'efforce de remonter la pente.» C'est donc, en fait, un véritable programme politique plus qu'un manuel d'histoire qui est donné aux élèves. Le but est de façonner une «élite» réactionnaire, des militants épousant des thèses quasi fascistes, tout cela au nom de Dieu. Nous avons demandé à l'Enseignement catholique, l'organisme qui supervise les écoles dans l'orbite de l'Église catholique, ce qu'il pensait de ces établissements. «Ces écoles ne nous représentent absolument pas, nous déclare un responsable. Nous ne partageons ni les mêmes valeurs ni leur vision de la société. Mais nous ne pouvons rien faire puisque la Fraternité Saint-Pie-X est en dehors de l'Église catholique. Les évêques n'ont pas de prise sur eux. S'ils représentent une menace, c'est à l'État d'agir.»

Il y a la réalité de ces écoles réactionnaires, et puis il y a l'habillage de cette réalité. « Dans leur projet, les écoles Saint-Pie-X contrôlées affirment toutes utiliser les méthodes Montessori. Si nous en reconnaissons certains éléments matériels et supports didactiques (jeux de lettres, d'images, tables en ateliers...), les dimensions pédagogiques sont détournées de leurs enjeux et amputées de ce qui les fonde théoriquement. Comment les notions de liberté de choix et d'autonomie peuvent-elles survivre aux "suggestions" des adultes, faites pour des raisons plus matérielles que pédagogiques ? » interroge l'inspectrice, dans la note confidentielle de l'académie de Versailles.

En effet, il n'y a pas que l'éducation qui pose problème dans ces écoles. En 2017, un rapport de la Miviludes a repris les travaux de Lucie Guimier[12], docteure en géopolitique à l'université Paris 8, qui pointe une troublante corrélation entre la diffusion géographique des premiers foyers de rougeole de l'épidémie de 2008-2012 et l'implantation des établissements scolaires de la FSSPX, en faisant l'hypothèse d'une couverture vaccinale insuffisante dans la communauté. « La dispersion rapide de la rougeole à l'échelle intrafamiliale dans le réseau d'obédience lefebvriste résulte de toute évidence d'une couverture vaccinale insuffisante des enfants de la communauté, des carences possiblement liées aux aspirations

12. « Approche géopolitique de la résistance aux vaccinations en France : le cas de l'épidémie de rougeole de 2008-2011 », thèse soutenue le 7 novembre 2016 à l'université Paris 8.

spirituelles de leur famille. Les circonstances des prises de décision de ces parents restent toutefois inconnues et il serait imprudent d'en tirer des conclusions univoques[13] », note le rapport. Rien d'étonnant à cette situation, selon les anciens élèves que nous avons interrogés. « Comme ces écoles rassemblent beaucoup de personnes antisystème et antivax, l'administration est très négligente sur les questions de vaccination, confirme Antoine. On ne peut pas dire que ça soit institutionnel, mais elle ne vérifie pas. » Ce n'est pas une surprise non plus pour Françoise, qui est effarée de ce que l'enseignement des dominicaines intégristes a produit chez beaucoup de ses amies : « Je suis encore en contact avec plusieurs anciennes élèves. La plupart m'envoient des messages pro-Trump, car lui est contre l'avortement. Elles me transmettent un tas de messages complotistes. Et j'ai reçu des liens vers le documentaire délirant, *Hold-up*, sur la Covid-19. À chaque fois, je réponds avec des liens vers des articles qui démontent ces théories. Mais elles me disent que je suis manipulée par la société et que je n'ai pas d'esprit critique. C'est vraiment inquiétant de voir le résultat de cet enseignement, de ce formatage plutôt. »

Nous quittons cette plongée nauséabonde dans l'univers intégriste avec cette question : comment de tels établissements peuvent-ils exister en France au XXIe siècle ? Les témoignages et rapports recueillis sont très inquiétants. À l'heure où l'extrême droite

13. Rapport accessible dans son intégralité https://www.derives-sectes.gouv.fr/sites/default/files/rapport_miviludes_2017_web_v2.pdf (p. 123-136).

populiste gagne du terrain dans notre pays, on ne peut que s'étonner de constater que les gouvernements successifs aient laissé et laissent prospérer de tels établissements. Tout est connu, documenté. Il ne manque que la volonté politique.

15

Les écoles juives : un communautarisme sécuritaire

Le cas des écoles confessionnelles juives est un cas singulier dans le paysage éducatif français. Le réseau scolaire juif s'accroît au début des années 1980, dans l'ouest parisien. Au cours de cette période, 28 écoles sont créées contre 15 pendant la décennie précédente. Jusque-là, les juifs de France étaient assimilés. Ils adoptaient une optique d'intégration républicaine, et plébiscitaient les écoles publiques ouvertes à tous. Dans une logique d'assimilation à la culture française, adhérer à l'enseignement public, valeur si chère à la République, revenait à affirmer son allégeance au pays. C'est le contexte de l'époque qui a bouleversé ces codes établis, et par ricochet le choix d'une éducation scolaire mêlant origines et confession. Après les attentats de la rue Copernic en octobre 1980, puis de la rue des Rosiers en août 1982, un climat d'antisémitisme qu'on croyait oublié ressurgit, tandis que se développe parallèlement un repli communautaire au sein de la communauté juive. Il ne cessera de se répandre pendant la première intifada, de 1987 à 1993, qui marque les affrontements les plus violents entre Palestiniens et Israéliens depuis la création de l'État d'Israël en 1948. En septembre 2000, la deuxième intifada, où les armes à feu ont remplacé les jets de pierres, inaugure une explosion d'actes antisémites en France, qui traduisent un mécontentement et une colère de plus en plus grands vis-à-vis des opérations israéliennes dans les Territoires occupés. Pour une partie de l'opinion et notamment au sein de la communauté musulmane qui apporte son soutien au peuple palestinien, les juifs de France sont assimilés à la politique sioniste de colonisation et d'annexion de la Palestine, comme si être juif équivalait à être sioniste. Pour la communauté juive, la fissure avec la communauté nationale française s'accentue. Dans ce contexte où le conflit israélo-palestinien se répercute partout en Europe, Ariel Sharon, le Premier ministre israélien, s'adresse alors solennellement à tous les « juifs de France » et leur demande de « venir en Israël » : « Vous devez bouger immédiatement. En France, il se répand un antisémitisme déchaîné[1]. » Si, entre 2000 et 2017, 55049 juifs sont effectivement partis s'installer près de la mer Morte[2], d'autres ont déserté certains quartiers et territoires qu'ils jugeaient dangereux. De fait, ils ont dû également déscolariser leurs enfants en les retirant du public, pour les inscrire dans le privé ou le hors-contrat. Il y a deux ans,

1. Propos tenus le 18 juillet 2004 devant une association de juifs américains, qui provoquèrent un tollé en France.

2. Source : Marc Knobel, directeur des études au Crif.

Emmanuel Macron s'était exprimé à ce sujet en déplorant que « des élèves juifs de certains quartiers soient trop souvent obligés de quitter l'école publique[3] ». Il a depuis chargé Jean-Michel Blanquer d'un audit pour « évaluer ce phénomène ».

Vingt ans plus tard, les juifs de France ne sont plus dans la même optique et la logique d'assimilation a laissé place à une volonté de revendication identitaire. L'enseignement religieux est un vecteur essentiel de cette identité. Les valeurs de citoyenneté, de laïcité et d'universalisme de l'école publique s'entrechoquent avec celles des familles juives plus ou moins traditionalistes, notamment au sujet des cours dispensés le samedi, jour de shabbat, et de l'interdiction du port d'insignes religieux comme la kippa au sein des établissements.

Le décompte exact des établissements juifs hors contrat n'est pas simple à établir car ce sont les classes qui sont concernées et non l'établissement dans son intégralité. Néanmoins, selon le site le Guide des écoles juives[4], 300 établissements juifs sont aujourd'hui recensés et 4 nouveaux ont vu le jour en 2020. Parmi eux on compte un très petit nombre d'écoles hors contrat, seulement 44[5]. Le Fonds social juif unifié (FSJU) recense 31 385 élèves juifs, sans préciser la part d'inscrits en hors contrat. Nous avons tenté de les joindre à plusieurs reprises, en vain.

3. Discours au dîner annuel du CRIF le 20 février 2019.
4. leguidedesecolesjuives.com.
5. Source : Fondation pour l'école.

Si, comme dans les autres religions, on constate dans les foyers juifs optant pour un établissement confessionnel le souhait de donner une éducation religieuse à leurs enfants, on note aussi que le souci de la sécurité entourant leur vie scolaire est très prégnant. La liste des barbaries est non exhaustive, mais des drames comme l'affaire Ilan Halimi en janvier 2006, l'attentat de l'école juive perpétré par Mohamed Merah en mars 2012 ou la tuerie de l'Hyper Cacher de la porte de Vincennes en janvier 2015 n'ont cessé de faire grimper le curseur de la peur et de la paranoïa. « On vient de décider de s'équiper de talkies-walkies, un par étage et par membre de la sécurité. Il faut qu'à chaque instant on sache ce qu'il se passe pour pouvoir alerter en cas d'intrusion », nous explique Élie Uzan, le directeur des séminaires de l'école privée Beth Rivkah, à Yerres dans l'Essonne[6]. « On n'a pas attendu le drame d'Ozar Hatorah[7] pour renforcer la sécurité. Mais depuis, on a quand même teinté les palissades qui entourent l'école, pour ne pas qu'on puisse voir les élèves depuis l'extérieur. Et nous avons engagé un gardien supplémentaire uniquement en charge de la sécurité. » Une organisation quasi militaire qui détonne avec l'image d'un lycée traditionnel, et ne rassure pas dans un pays libre et en paix. Des exercices de confinement sont organisés régulièrement et les membres de la direction se réunissent chaque semaine autour de ces questions.

6. Entretien du 29 janvier 2021.

7. L'école juive de Toulouse ciblée par Mohamed Merah le 19 mars 2012, qui a fait 4 victimes dont 3 enfants.

Un digicode a été ajouté à l'entrée de l'enceinte et les portes intérieures doivent toujours rester fermées. Une façon de vivre qui rappelle celle des Israéliens. Et qui revendique un communautarisme affiché. Mais ici, l'entre-soi s'inscrit dans une démarche de protection et non dans une volonté de louvoyer avec les lois républicaines.

La répartition géographique des groupes scolaires juifs fait apparaître leur nette concentration en région parisienne. Cette dernière regroupe 58 % des établissements : 71 % des élèves se trouvent en Île-de-France, dans les académies de Paris, Créteil et Versailles ; celle de Marseille venant ensuite. Parmi tous les rapports d'inspection que nous avons pu consulter, aucun ne mentionnait ce type d'école. Nous avons fait part de notre étonnement à un ancien membre du cabinet de l'ancienne ministre de l'Éducation nationale, Najat Vallaud-Belkacem. « Après la tuerie de Toulouse devant l'école Ozar Hatorah de mars 2012, il était délicat d'inspecter les écoles, nous a-t-il répondu. Alors oui, on leur a fichu la paix, nos inspecteurs n'y allaient pas. Mais quand on avait des signalements de problèmes dans des écoles, on faisait passer le message par le grand rabbin Haïm Korsia pour que ça soit résolu. » Mais l'inspection individuelle des professeurs des écoles sous contrat a continué. Nous avons aussi interrogé le ministère de l'Intérieur, qui a jugé étrange cette absence de contrôle sans toutefois nous répondre clairement. Il était par ailleurs convenu que la rue de Grenelle nous facilite un entretien avec un inspecteur de l'Éducation nationale qui aurait eu à inspecter un établissement juif. Nous attendons toujours.

Silence radio également du côté des établissements. Quasiment toutes nos demandes d'entretien, de visites, sont restées lettre morte, malgré nos relances.

Nous nous sommes donc rendus à Aix-les-Bains. Dans les milieux juifs orthodoxes, la renommée de la yeshiva d'Aix-les-Bains, qui abrite l'une des plus importantes communautés juives de France, n'est plus à établir. Surplombant le lac du Bourget, ce centre d'étude de la Torah et du Talmud dispense des cours religieux et forme des rabbins dans un cadre pastoral. Son taux de réussite au bac frise les 100 % et les professeurs et chercheurs qui y enseignent sont reconnus pour leur excellence. Sa pratique stricte et traditionnelle de la religion hébraïque lui vaut l'intérêt de bon nombre de fidèles à travers l'Europe. L'apprentissage intensif de la religion peut y atteindre quinze heures par semaine. Il attire également un grand nombre de familles françaises qui ont tout quitté pour venir s'installer dans cette station balnéaire d'à peine 30000 habitants. C'est un choix de vie davantage qu'un sacrifice. Car la yeshiva fédère une véritable façon de vivre. Elle est devenue le lieu d'implantation d'une communauté : la fréquentation de l'école juive a des répercussions sur la famille. Les parents d'élèves s'impliquent dans la communauté, écoutent davantage les radios communautaires, lisent plus la presse juive, font plus de volontariat, sont plus pratiquants. Elle contribue à renforcer la pratique du culte des foyers. Tous affichent les valeurs traditionnelles juives :

fonder une famille, honorer ses parents, croire en Dieu, aider les autres. Ici, les juifs les plus rigoristes ne se sentent pas isolés. Dans les ruelles adjacentes, souvent piétonnes, on croise nombre d'hommes le crâne couvert d'une kippa, près de leurs épouses vêtues de robes noires tombant à mi-mollet. Les femmes juives les plus croyantes n'ont pas le droit de porter de pantalon ni d'arborer des couleurs vives. On y compte au moins 5 synagogues et de nombreux commerces casher qui cohabitent avec les établissements touristiques. « J'ai tout quitté il y a dix-neuf ans et pas un jour ne passe sans que je me dise que j'ai fait le meilleur choix de ma vie », insiste Élise, 46 ans[8]. Cette mère de famille de quatre enfants a déménagé en Savoie à l'annonce de sa première grossesse. Elle avait 26 ans, son mari 35, et ni l'un ni l'autre n'envisageait d'élever leur fils dans le climat engendré en France vis-à-vis de leurs coreligionnaires par la deuxième intifada. « On habitait à Paris, dans le 19e arrondissement. Globalement, ça allait, malgré quelques incivilités, mais je me souviens qu'au début de l'année 2001 les choses ont changé. Les voisins nous disaient moins bonjour. Souvent des jeunes crachaient par terre en croisant mon mari qui portait la kippa. Et puis un jour, mon amie d'enfance s'est fait séquestrer chez elle alors qu'elle était enceinte, parce qu'elle revenait d'une semaine de vacances à Jérusalem. Les gens qui ont fait ça, elle les connaissait. » Élise nous explique qu'elle ne voulait pas partir vivre en Israël. S'installer près d'Aix-les-Bains était

8. Entretien du 12 janvier 2021.

le meilleur compromis. Très vite, elle a adoré que son fils s'épanouisse à la crèche « encadrée par un personnel éducatif qui respecte sa religion », et qu'il puisse par la suite porter la kippa « sans avoir peur d'être pris pour cible ». Sa fille, quant à elle, est scolarisée à Tomer Debora, une école privée non mixte. Ici, c'est le cas de tous les établissements. Mis à part la maternelle, toutes les classes sont divisées entre filles ou garçons. Aux abords des établissements, plus ou moins proches les uns des autres, on se croirait transporté dans le quartier orthodoxe de Jérusalem, avec les passants vêtus de leurs uniformes noir et blanc, leurs chapeaux et leurs longues jupes. Nombreux sont les pensionnaires également, puisque la yeshiva est organisée autour d'un campus pouvant loger près de 100 étudiants, peu importe leur âge. On n'atterrit pas par hasard dans cette petite agglomération régie par la stricte tradition orthodoxe. On le choisit. Quelquefois on y arrive jeune étudiant, puis le destin fait son œuvre et on y reste. Mais le plus souvent, c'est autour de la question de l'identité et de la sécurité de son enfant, quand on fonde une famille, qu'on opte pour cet écosystème.

Du côté de la capitale, un professeur qui enseigne dans une école loubavitch de l'ouest parisien, un des rares qui ont accepté de nous parler, nous confie, sous couvert de l'anonymat : « Beaucoup de cours de biologie sautent. On cache beaucoup ce qui a trait à la sexualité... » Encore une fois, peu importe le Dieu, dans toutes les écoles ultrareligieuses, les matières comme les sciences ou l'histoire sont remodelées au gré des croyances. L'enseignant nous précise toutefois que tous les sujets ne sont pas tabous, à l'image de la PMA, la procréation médicalement assistée. Le sport pose un réel problème logistique : les filles de leur côté sont limitées à s'entraîner dans le gymnase intérieur « car elles ne peuvent pas être vues en pantalon par des hommes à l'extérieur. Pour la même raison, elles n'apprennent pas à nager, ce qui est pourtant une des compétences exigées par l'Éducation nationale ». Leurs camarades masculins « n'ont pas le droit de suivre d'initiation au judo car les contacts physiques entre élèves sont interdits ». Plus inquiétant, l'enseignant pointe du doigt la non-application systématique du socle commun de compétences et de connaissances, délaissé au profit de l'instruction religieuse : « Il n'y a pas le nombre d'heures réglementaire par matière, car toutes les matinées du lundi au vendredi sont uniquement destinées à l'enseignement religieux. Clairement, on ne répond pas à toutes les exigences du programme. L'Éducation nationale le sait et ferme les yeux. » Selon lui, l'école est pourtant soumise aux inspections. Ce que nous confirme un inspecteur, qui nous a rapporté cette anecdote significative des accommodements tolérés par l'Éducation nationale. « Un jour, je vais inspecter un prof dans une école juive sous contrat de région parisienne. La directrice m'accueille, mais refuse de me serrer la main. Je lui en fais la remarque. Elle me dit : *Si vous voulez que quelqu'un vienne vous serrer la main, je peux appeler mon mari*. J'ai laissé tomber et je suis allé faire mon inspection. J'ai signalé ce comportement à mon retour au rectorat et mon supérieur m'a dit de ne pas faire de rapport sur cet incident. J'ai compris que ça ne servait à rien donc j'ai laissé passer[9]. » Nous avons interrogé à ce sujet le conseiller de Jean-Michel Blanquer au ministère lorsqu'il nous a reçus. Il nous a répondu que, comme avec les autres religions, « si vous voulez me faire dire qu'il y a des accommodements avec le Ciel, alors oui, il y en a[10] ».

Si les écoles judaïques connaissent un réel essor depuis une vingtaine d'années, elles semblent aujourd'hui s'inscrire dans une dynamique identitaire post-intégration. La communauté juive en effet recouvre une grande diversité, notamment dans l'observance d'une pratique religieuse plus ou moins stricte. Un groupe pluriel qui, comme d'autres, n'échappe pas à la tentation communautaire. L'entre-soi que l'exécutif redoute et veut combattre est bien là. Mais pose-t-il, ici, problème ? Doit-on mettre tous les séparatismes sur le même plan ? C'est toute la complexité de la hiérarchisation de cette notion, et la nuance entre communautarisme et séparatisme. Il est vrai que pour les familles les plus rigoristes, le hors contrat confessionnel renforce le lien avec Israël, qui constitue l'un des piliers de l'identité juive. Pour autant, ce « séparatisme » juif ne représente pas une menace pour la cohésion de la nation. Les démarches communautaires ne relèvent pas nécessairement du communautarisme au sens négatif que ce mot a pris chez nous. Au contraire, en tant que

9. Entretien du 18 décembre 2020.
10. Entretien du 5 février 2021.

réseaux de sociabilité entre individus partageant des références semblables, elles peuvent assurer une fonction primordiale dans le processus d'intégration. Comme l'histoire plus ou moins récente le démontre, les juifs, et notamment les enfants, ont été la cible d'un certain fanatisme, d'idées reçues et de fantasmes qui entourent leur religion. Que ceux d'entre eux qui se sentent menacés choisissent de scolariser leurs enfants dans un environnement sécurisé qu'ils ont façonné peut se comprendre. Cet environnement évoque davantage le développement d'un modèle communautaire à l'anglo-saxonne que celui d'un séparatisme prosélyte qui entendrait se soustraire aux lois de la République. Cependant, si l'histoire des juifs de France et le climat latent d'antisémitisme leur confèrent implicitement ce droit au communautarisme, du moins dans le domaine scolaire, les mêmes règles doivent s'appliquer à tous. Un problème épineux pour l'État dans sa volonté de lutter contre les séparatismes : comment appliquer la loi sans être accusé de privilégier une religion par rapport à une autre, ou au contraire de la stigmatiser en réformant l'organisation de l'enseignement ? Le développement de ces établissements confessionnels relève du mouvement plus général d'affirmation identitaire juive observable en France depuis ces dernières décennies. Avec en première préoccupation, pour les Français de confession juive qui y inscrivent leurs enfants, non plus l'adhésion à la République, mais le souhait qu'ils grandissent dans un milieu sécurisé.

16

Les écoles musulmanes dans le collimateur

En 2016 déjà, dans le contexte post-attentats de la lutte contre la radicalisation, la ministre de l'Éducation nationale Najat Vallaud-Belkacem avait tenté de soumettre les écoles indépendantes à un contrôle renforcé des services académiques. Mais son projet avait été retoqué par le Conseil constitutionnel au nom de «la liberté d'enseignement». Depuis, l'ouverture d'établissements hors contrat musulmans est en plein essor. À la rentrée scolaire 2019-2020, selon les chiffres de la Fondation pour l'école, le hors contrat regroupait 1541 établissements dont 194 se revendiquant de confession catholique, et 44 d'obédience juive. À ce classement viennent s'ajouter 55 écoles musulmanes, un chiffre objectivement très faible pour la deuxième religion du pays, bien qu'il ait presque doublé ces trois dernières années (9000 élèves contre 4800 en 2017). En comparaison, les catholiques intégristes (35000 âmes) possèdent 58 écoles. Sur ces 55 établissements musulmans, deux seulement ont été fermés ces deux dernières années, et le ministère de l'Éducation nationale, mais aussi Beauvau, n'en comptent qu'une dizaine sous surveillance. Un bien petit nombre par rapport au matraquage politico-médiatique qui les entoure. Le communautarisme musulman dans le milieu éducatif est-il le fait d'initiatives isolées ou relève-t-il d'un réel danger ?

Si les établissements hors contrat rabattent les élèves sur fond de défiance vis-à-vis de l'école publique, il s'y ajoute dans le cas des écoles confessionnelles musulmanes l'idée que les enfants y seront plus en sécurité et les filles mieux respectées. Les familles qui se tournent vers elles souhaitent donner à leurs enfants une éducation en accord avec les valeurs qui régissent leur milieu culturel. Ainsi, les plus rigoristes s'opposent à la mixité et favorisent les signes extérieurs de religion, comme le port du voile dès le plus jeune âge. Dans les quartiers au taux élevé de décrochage scolaire, ces écoles sont aussi synonymes aux yeux des parents d'une réussite éducative que l'enseignement public n'incarne pas. Le plus souvent il s'agit de parents appartenant à un milieu modeste, qui se débrouillent pour payer des frais de scolarité à géométrie variable, pouvant atteindre plusieurs milliers d'euros par an. Sans compter les appels aux dons régulièrement lancés par ce type d'écoles, afin de rénover, d'agrandir, de garantir de meilleurs services. Depuis les années 1970 et jusqu'au début des années 2000, beaucoup de parents d'obédience musulmane scolarisaient leurs enfants dans des écoles catholiques, faute d'établissements adaptés à leur foi. La religion occupait ainsi une place dans l'instruction, l'islam et le christianisme se rejoignant sur certains principes. Comme en témoigne par exemple le collège catholique Saint-Joseph des quartiers nord de Marseille, qui accueille 98 % d'élèves musulmans. Mais ce choix par défaut s'est accompagné des injonctions de certains parents : le rectorat a relevé de nombreuses demandes de familles exigeant le retrait des crèches au moment de Noël. Du crucifix également, car si l'islam reconnaît Jésus comme l'un de ses prophètes, il ne le considère pas comme le fils de Dieu. Devant la fin de non-recevoir opposée à ces demandes, des établissements hors contrat musulmans se sont alors développés, apparaissant comme la solution pour remédier aux divergences d'ordre spirituel. Mais, si l'entre-soi est souvent inhérent au hors contrat (quel que soit cet entre-soi, d'ailleurs), se développe dans une partie d'entre eux un communautarisme qui pose un véritable problème par rapport à notre modèle républicain.

Ce sont ces établissements que vise implicitement le projet de loi contre les séparatismes. « Notre législation est insuffisante, malgré la loi Gatel[1] », reconnaît un proche conseiller de Jean-Michel Blanquer dans son bureau avec vue sur jardin du ministère de l'Éducation nationale[2]. Cette loi a octroyé beaucoup plus de pouvoir aux autorités publiques, et notamment aux maires, dans leurs droits à contrôler le hors contrat, mais bute souvent devant les tribunaux. « Nous savons que nous n'étions pas à 100 %, mais Jean-Michel Blanquer a fait beaucoup, et la loi

1. Voir le chapitre « Hors contrat, hors contrôle ? ».
2. Entretien du 5 février 2021.

confortant les principes de la République va nous permettre de nous renforcer et d'être plus légitimes devant la cour», poursuit le conseiller. Désormais, les autorités préfectorales et académiques pourraient en effet fermer administrativement un établissement sans saisir le procureur, en cas de manquements graves à la réglementation ou à l'acquisition du socle commun. Car l'État se retrouve souvent impuissant face à des écoles sommées de fermer, mais multipliant les recours en justice. Les procédures sont longues, régulièrement annulées, et pendant ce temps les établissements concernés continuent d'accueillir les élèves. Une situation qui confine à l'impuissance.

Le feuilleton ubuesque que nous a offert le bras de fer entre l'Éducation nationale et l'établissement toulousain d'Al Badr en est l'édifiante illustration. En 2013, cette école privée musulmane hors contrat ouvre ses portes dans le quartier difficile de Bellefontaine, en périphérie de la ville rose. L'association éponyme lui loue ses locaux d'environ 1 000 mètres carrés. À la tête du groupe scolaire : le conférencier et imam salafiste Abdelfattah Rahhaoui, habitué des prêches dans le quartier voisin du Mirail. Une centaine d'enfants de la petite section de maternelle au CM2 y sont inscrits. Si le fondateur et directeur, Abdelfattah Rahhaoui, n'est pas fiché S, il est connu des services de police pour ses liens avec Souad Merah, sœur du terroriste Mohamed Merah, dont il a assisté à l'enterrement[3]. En effet, Souad, au plus fort de sa radicalisation religieuse, fréquentait assidûment

3. Note de la DGSI que nous avons pu consulter.

les prêches de l'imam rigoriste, qui n'a jamais tari d'éloges à son égard, et ce même après le rôle avéré de la jeune femme dans les attentats de mars 2012. Selon lui : « C'est une mère attentionnée qui essaie de trouver sa place dans le pays dans lequel elle vit, préoccupée par l'éducation de ses enfants, et une grande sœur responsable[4] ». « Une mère attentionnée » aurait-elle pris la fuite en Syrie avec ses quatre enfants âgés de 9 mois, 3 ans, 10 ans et 14 ans ? « Une grande sœur responsable » aurait-elle bourré le crâne de son frère jusqu'à ce qu'il commette l'innommable, allant jusqu'à se déclarer « fière de lui et de ses accomplissements » ? Abdelfattah Rahhaoui concède également partager ses points de vue : « C'est une femme d'une grande humanité, qui ne supporte pas les injustices. Elle est engagée et je suis d'accord avec beaucoup de ses engagements[5]. » Résumons : cet homme, qui ne s'est pas simplement contenté de fréquenter la femme de l'ombre des attentats toulousains, où notamment trois enfants juifs ont été tués à bout portant à la sortie des cours, a ouvert une école, au vu et au su de tous.

Pendant trois années consécutives, Al Badr subit des contrôles réguliers de l'inspection de l'Éducation nationale. Il y est rapporté que les filles étudient et jouent séparément des garçons et que certaines sont voilées. Le directeur ne s'en cache pas, estimant que « ces filles n'ont pas le droit d'aller à l'école publique, elles se dénuderaient[6] ». Un haut fonctionnaire présent

4. *L'Indépendant*, 15 novembre 2012.
5. *Midi libre*, novembre 2012.
6. *Info-Toulouse*, novembre 2016.

lors de l'une de ces inspections nous explique sa stupeur en pénétrant dans l'une des classes : « La salle était séparée en deux par un drap blanc : d'un côté les garçons, de l'autre les filles, toutes voilées. » Rahhaoui se refuse à serrer la main de l'une des inspectrices au motif que « c'est une femme ». Il s'oppose même à son entrée dans l'enceinte de l'établissement. Outre le caractère religieux rigoriste, en 2015, les inspecteurs pointent du doigt le niveau de l'enseignement, « très déficitaire dans tous les domaines », ainsi que « l'étude quotidienne du Coran qui oblitère le temps de façon importante ». Le groupe scolaire Al Badr ne réunit donc pas les conditions du projet pédagogique imposé à tout type d'établissement, à savoir l'acquisition du socle commun obligatoire de compétences et de connaissances. Pour ce motif, toujours en 2015, l'école est mise en demeure de fermer immédiatement par l'Éducation nationale. L'académie de Toulouse, quant à elle, invite les parents d'élèves à inscrire leurs enfants ailleurs à la rentrée suivante. Dans une lettre recommandée avec accusé de réception, elle ne manque pas de leur rappeler les 7 500 euros d'amende encourus en cas de scolarisation dans un institut interdit d'ouverture. Mais l'école Al Badr poursuit ses activités comme si de rien n'était... Comment justifier ce pied de nez aux autorités ? Comment expliquer également l'impuissance de ces dernières à faire exécuter leurs décisions ? Contrairement à un lieu de culte, qui peut être fermé par arrêté préfectoral, et donc mis sous scellés, la décision dite d'« exécution provisoire » pour la fermeture d'une école hors contrat ne prévoit aucun dispositif spécifique. Le haut fonctionnaire soupire : « On arrive aux limites de ce que l'Éducation nationale peut faire toute seule. S'il n'y a pas de décision judiciaire, si la justice ne suit pas, l'Éducation nationale, seule, ne peut pas outrepasser ses droits[7]. » Du côté de la rue de Grenelle, on commente l'affaire avec lucidité : « Le cas Al Badr est symptomatique de ce qui ne va pas : l'Éducation nationale constate les problèmes et demande la fermeture de l'établissement. Le juge nous donne tort... On repart pour des mois, des années de procédures judiciaires[8]... » Or, cette fois, la justice décide d'agir, et l'imam Rahhaoui est mis en examen pour « poursuite d'une activité scolaire malgré une mise en demeure ». Très actif sur les réseaux sociaux, ainsi que sur YouTube, il crie à « l'acharnement ». Mais la liste des chefs d'accusation s'allonge. Outre le primaire, Al Badr abrite également un collège clandestin. C'est-à-dire que sa création non seulement n'est pas autorisée, mais également que le collège n'est recensé nulle part. Et pourtant, photos à l'appui, le site internet d'Al Badr propose à la vue de tous des classes allant de la sixième à la troisième incluse. Ces cours démarrent tôt le matin et s'achèvent en fin d'après-midi, mais pour le proviseur, il ne s'agit que de soutien scolaire... Où commence le scolaire, où s'arrête le périscolaire ? Deux témoignages accablants viennent mettre à mal la version de l'établissement. Deux élèves de 11 et 12 ans affirmant être scolarisés à plein temps en sixième au sein d'Al Badr, déposent

7. Entretien du 29 janvier 2020.
8. Entretien du 5 février 2021.

plainte pour « violence sur mineurs de moins de 15 ans ». Le premier plaignant relate qu'en 2014, il a reçu une paire de claques après avoir demandé à son proviseur pourquoi il fallait que les collégiens se cachent lors de la venue des inspecteurs de l'académie. Le deuxième explique avoir reçu un bureau d'écolier en pleine tête. Nous n'avons pas pu accéder au dossier d'instruction de ces deux plaintes, mais nous avons interrogé Abdelfattah Rahhaoui, ainsi que le rectorat de Toulouse. Le premier nous a répondu, non sans agressivité, avoir gagné ses « 15 procès ». Le second s'est sobrement contenté de nous indiquer : « Les plaintes que vous évoquez ont donné lieu à un jugement devenu définitif et qui portait condamnation de monsieur Rahhaoui », information que nous n'avons pu vérifier.

Ces accusations de violences sur mineurs s'ajoutant à la création d'un collège illégal ainsi qu'au refus d'obtempérer à l'ordre de fermeture de l'école primaire, en dépit de la mise en demeure de l'Éducation nationale, conduisent finalement le directeur devant le tribunal correctionnel quelques mois plus tard, en 2017. Le rapide procès va tenir du vaudeville, avec comme acteur principal Abdelfattah Rahhaoui, invoquant « l'islamophobie » dont il est victime, et concluant : « Tous ceux qui ont rejoint Daech viennent de l'école publique, les écoles islamiques sont un rempart contre le fondamentalisme. » À l'issue du procès, il écope de six mois de prison avec sursis et de l'interdiction de diriger un établissement scolaire. Logiquement, la fermeture immédiate et définitive du groupe scolaire est de nouveau prononcée.

Et pourtant, encore une fois, il poursuit son activité. « Certains établissements confessionnels hors contrat se moquent complètement du système éducatif et des valeurs républicaines. C'est dangereux puisque ça attise la haine, et entretient une scission entre Français. Dans ce cas précis, ça renforce également l'idée d'islamophobie », poursuit le haut fonctionnaire. Trois mois plus tard, il faudra la présence de cars de CRS et de voitures de police pour faire enfin exécuter la décision du tribunal.

Mais le jeu de dupes n'a jamais vraiment cessé. Depuis la rentrée 2017, un nouveau collège et une nouvelle école primaire ont pris demeure au 35, de la rue Paul-Gauguin à Toulouse, soit en lieu et place du groupe scolaire hors contrat Al Badr. Le rectorat a tenté de s'opposer au projet mais, le 4 juillet 2017, le tribunal administratif a donné son accord pour l'ouverture d'un établissement scolaire confessionnel, porté par une autre direction et abrité par une autre association. Il ne s'agit plus d'Al Badr, mais d'Avicenne. Et dans les membres fondateurs de l'association Avicenne, nous retrouvons Abdelfattah Rahhaoui... Lors d'un contrôle effectué en février 2018, les fonctionnaires de l'Éducation nationale ont signalé la présence de Rahhaoui dans les locaux, celui même qui fait l'objet d'une interdiction par la justice d'enseigner et de diriger un établissement... Par ailleurs, on retrouve le nom d'Al Badr accolé au site internet du groupe scolaire Avicenne, et les photos prises pendant la classe y montrent des petites filles voilées. Mais finalement, peu importe, puisque fin 2018 Abdelfattah Rahhaoui a été définitivement relaxé. Dans son arrêt, la cour d'appel de Toulouse a mis fin aux poursuites à son encontre en rejetant la constitution de partie civile de l'inspection académique. L'arrêt infirme également l'interdiction d'enseigner prononcée en première instance. La décision de la cour d'appel est difficile à comprendre. Le proche conseiller de Jean-Michel Blanquer lâche un commentaire lapidaire : « C'est un échec... » C'est le moins que l'on puisse dire...

Dans d'autres cas, la fermeture intervient abruptement, et à première vue arbitrairement. En ce mardi après-midi, à la veille des vacances de Noël, au premier étage du 18, rue Goubet dans le 19e arrondissement de Paris, une faible lumière éclaire encore le petit établissement hors contrat Meo High School Paris (MHS) dont les portes sont définitivement closes depuis le 7 décembre 2020. L'école, qui se décrit comme à « éthique universaliste », vient d'être visée par une fermeture administrative, après une inspection des normes de sécurité quinze jours plus tôt. À l'issue du contrôle, la fermeture de MHS a été décrétée et l'équipe pédagogique démise de ses fonctions. Seulement, si l'établissement est épinglé pour non-conformité aux normes relatives aux établissements recevant du public (ERP), le même bâtiment abrite également un centre médico-psychologique ainsi qu'une antenne de la Protection judiciaire de la jeunesse, qui eux continuent d'exercer. La directrice, Hanane Loukili, sous-entend dans un communiqué publié sur les réseaux sociaux que les motifs sanitaires de fermeture ne sont qu'un prétexte. « Un avant-goût de la loi sur le séparatisme ? », peut-on lire sur son compte Twitter. Le parquet de Paris, quant à lui, dans un communiqué conjoint avec la préfecture de police, se félicite d'une « collaboration accrue entre les deux parties, dans le cadre de la lutte contre l'islamisme et toutes les formes de séparatisme ». Les deux versions ne collent pas vraiment... Pourquoi le séparatisme s'invite-t-il dans cette affaire qui relève de l'administratif ? Quarante-huit heures plus tard, se tenait en conseil des ministres la présentation du projet de loi séparatisme... Hasard du calendrier ou opportunisme politique ? À vrai dire, les deux. En réalité, le problème ne vient ni d'un quelconque détail d'ordre sanitaire ni d'un prétendu prosélytisme au sein de l'école. Un proche conseiller du ministre nous répond sans détour : « Mais MHS a fermé parce qu'il n'a jamais eu la validation pour ouvrir ! On ne peut pas se lever un matin et décider, parce que l'enseignement de telle ou telle école ne vous convient pas, d'en ouvrir une[9] ! » Effectivement, en 2015, l'établissement a soumis un dossier d'ouverture qui lui a été refusé. Il n'en a pas tenu compte... MHS s'est bien gardé de mentionner ce détail fâcheux dans son communiqué de presse. Dans ce cas, la décision de fermeture apparaît logique. Cependant, elle soulève une question embarrassante : pourquoi permettre à des parents, pendant cinq ans, d'inscrire leurs enfants dans un établissement sans existence légale, qui plus est au sein d'un lieu surveillé par la cellule départementale de lutte contre l'islamisme et le repli communautaire (autrement appelée CLAIR) ? Même si la

9. Entretien du 5 février 2021.

justice se montre lente, qu'est-ce qui a empêché l'Éducation nationale d'informer les parents d'élèves que leurs enfants suivaient les cours d'une école illégale ? MHS semble avoir subi les affres de la loi : elle se revendiquait comme « aconfessionnelle » et « autorisait le port du voile, de la kippa ou de la croix ». Elle accueillait de la sixième à la troisième une centaine d'élèves, majoritairement de confession musulmane, alors qu'elle n'en avait pas l'autorisation. Des circonstances qui peuvent avoir été perçues comme aggravantes dans le timing tactique de l'exécutif sur la loi confortant les principes républicains.

Si aux abords de l'établissement, nous n'avons en effet pas croisé d'élèves de confession chrétienne ou juive, quelques jeunes musulmans qui y étaient inscrits nous confient leur désarroi[10]. Bien sûr, ils évoquent « la stigmatisation » et « la peur, à tort, du communautarisme ». Déscolarisés en pleine année, ils peinent à retrouver un établissement pour poursuivre leur scolarité. Il est vrai que les élèves sont les premières victimes de cette décision de fermeture, qui plus est en pleine crise sanitaire. Entre confinement et déconfinement, il est regrettable de s'être empressé de fermer les portes de cette école en laissant une centaine d'adolescents en plein brouillard. Le groupe scolaire MHS acceptant des élèves qui arborent des signes religieux, il incarnait pour certaines jeunes filles portant le voile l'ultime opportunité de poursuivre leur scolarité. « J'ai déjà 20 ans, je porte le hidjab et c'est non négociable que je l'enlève.

10. Reportage du 17 et du 22 décembre 2020.

J'ai d'énormes lacunes, MHS était la seule école qui m'a admise en première. Je suis censée faire quoi maintenant ? Prendre un travail et arrêter mes études ? » Pour Méliah[11], la fermeture de son lycée retentit comme une double peine. Son niveau lui interdit d'intégrer grand nombre d'établissements, et ceux qui pourraient l'accepter s'opposent aux signes extérieurs de religion, conformément à la loi du 15 mars 2004 interdisant aux « élèves de collèges et de lycées publics de porter des signes et des tenues qui manifestent ostensiblement une appartenance religieuse » (article 2.1). Méliah oscille entre énervement et incompréhension, et les larmes lui montent aux yeux. Quelques-uns de ses camarades ont réussi à retrouver un établissement, mais elle fait partie de la majorité se retrouvant bien malgré elle marginalisée. Une de ses amies rejoint notre discussion, mais très vite un homme s'approche de nous et nous demande si nous sommes journalistes. Il doit avoir une petite cinquantaine d'années et nous interpelle avec agressivité, sur le mode : « Vous venez casser du musulman, encore ? » Nous n'avons pas le temps de répondre, il nous intime l'ordre de « dégager ». Les deux jeunes filles interviennent puis, devant son refus d'écouter, elles s'adressent à lui en arabe. Youssef[12] interrompt son flux d'insultes, et nous lui expliquons le but de notre enquête : « Vous allez me faire croire que vous êtes allés dans des écoles autres que musulmanes ? » À l'unisson, nous répondons par l'affirmative, et

11. Le prénom a été modifié.
12. Le prénom a été modifié.

même si Youssef ne semble pas convaincu, il finit par accepter de nous parler. Son petit-neveu était élève de MHS, au collège, et compte tenu de ses résultats en dents de scie, il ne parvient pas à retrouver un nouvel établissement. « C'est 3 500 euros foutus en l'air ! » Cette somme correspondait aux frais annuels du collège, tandis que ceux du lycée étaient fixés à 4000 euros. Pour l'heure, les parents d'élèves ne savent pas s'ils seront remboursés des deux trimestres à venir. L'énervement de Youssef traduit en réalité son inquiétude mais aussi son incompréhension. Il se demande – et nous aussi – si le cas de MHS n'est pas une affaire tombée à point nommé.

Tout au long de notre enquête, nous nous sommes procuré des rapports d'inspection parfois édifiants concernant des écoles, pourtant toujours ouvertes, et faisant l'objet de multiples signalements depuis des années. L'établissement parisien ne semble pas s'inscrire dans une dynamique de repli identitaire. Il n'est pas question ici de défendre un établissement plutôt qu'un autre, mais simplement de comprendre comment s'appliquent les décisions administratives de fermeture. Elles nous apparaissent au mieux relativement aléatoires, au pire assez confuses.

L'école musulmane Les Ateliers Montessori de La Chapelle-Saint-Mesmin dans le Loiret, près d'Orléans, elle, n'a eu qu'une vingtaine de jours d'existence avant de se voir fermée administrativement par la mairie pour des motifs insignifiants. L'histoire avait pourtant bien commencé. En 2014, le projet du premier établissement privé musulman de la région s'apprête à voir le jour dans les anciens locaux de 500 mètres carrés d'une crèche. Sa création répond à une demande importante de la communauté musulmane des environs. Bien que le coût de la scolarité soit un peu élevé – 2000 euros par an hors cantine –, les familles sont prêtes à faire ce choix. Le Front national n'a de cesse de s'opposer au projet, mais l'école agit consciencieusement : les dossiers d'inscription (statuts de l'association, plans des locaux, sécurité aux normes...) ont été déposés, ainsi que le courrier de déclaration d'intention, en mairie. De son côté, l'Inspection académique a donné acte de l'ouverture. Fondée sur la pédagogie Montessori, l'école primaire enseignera le socle commun de connaissances obligatoire tout en instruisant des cours de langues arabe et anglaise. Après avoir reçu son agrément, elle ouvre ses portes le 1er septembre 2014 pour la rentrée scolaire. Elle accueille 75 enfants répartis entre la maternelle et le CM1. Trois jours plus tard, la commission départementale de sécurité, un prérequis à l'ouverture de tout établissement accueillant du public, réalise son passage à la suite duquel elle émet un avis défavorable. Bien qu'« aucune infraction grave à la législation n'ait été observée », elle met en demeure l'école de réaliser quelques travaux d'aménagements concernant le parking. Néanmoins les cours peuvent se poursuivre. Les classes sont correctement aménagées, un espace extérieur offre la possibilité d'une cour de récréation, et les normes incendie sont conformes aux règles. Mais deux semaines plus tard, au prétexte que « les injonctions de travaux n'ont pas été suivies d'effet », un arrêté municipal acte la fermeture administrative immédiate... Motif : la ville estimait que le parking était trop petit pour une école pouvant accueillir jusqu'à 90 élèves[13]. Par la suite, l'établissement conteste la décision mais est débouté à plusieurs reprises. Des demandes de permis de construire en vue d'agrandir et d'améliorer la structure lui sont refusés. L'école jettera finalement l'éponge un an et demi plus tard.

Ces menus travaux non effectués sous quinze jours ont conduit à la déscolarisation de 75 enfants du jour au lendemain. Dans le même temps, des établissements douteux, objets d'enquêtes fouillées de la part de fonctionnaires de l'État qui ont eu le temps d'alerter sur d'énormes manquements pédagogiques et scolaires qu'ils y avaient constatés, peuvent continuer d'accueillir des enfants. Al Badr peut renaître continuellement de ses cendres, mais cette école du Loiret n'a même pas eu un mois pour faire ses preuves, bien qu'elle ait montré patte blanche. Elle ne présentait aucun danger communautaire, et la qualité de son enseignement n'a pas eu le temps d'être évaluée. Pourtant, c'est bien le niveau déficitaire de l'instruction qui demeure le point le plus souvent évoqué dans les rapports d'inspection sur le hors contrat.

En revanche – nous ne sommes plus à une contradiction près –, une petite école privée hors contrat musulmane de Marseille, elle, semble poser question. « On observe une note à l'attention des enseignants à propos de coups de bâtons à bannir. Il y a donc lieu de s'interroger sur d'éventuels précédents de violences

13. *La République du Centre*, 24 avril 2016.

sur mineurs de moins de 15 ans par des personnes ayant autorité et d'entraves à la saisine de la justice.» C'est ainsi que débute le rapport d'inspection de l'académie d'Aix-Marseille en date du 8 juin 2016, concernant l'école primaire L'Olivier. Ce document relativement accablant nous convainc de solliciter un rendez-vous avec la direction pour voir ce qu'il en est cinq ans plus tard. Une fois de plus, aucune suite n'est donnée à notre demande. Nous nous sommes donc rendus sur place[14] pour tenter de nouer le contact. Seules deux mères d'élèves nous ont adressé la parole. Un peu en retrait du portail bleu de l'école, où les autres parents attendent leurs petits, Sarah[15] ne comprend pas le but de notre visite. «Nous réalisons un état des lieux des établissements hors contrat», répétons-nous, mais elle roule des yeux et s'agace de ce qu'elle considère comme «un acharnement contre les musulmans». «Les enfants sont heureux, ils savent lire, écrire et font leurs devoirs. Alors il est où le problème?», lâche-t-elle avant de se murer dans le silence. Le problème, c'est que d'après le rapport d'inspection, le niveau scolaire de l'établissement est très mauvais, les matières ne sont pas toutes dispensées, et seul l'aspect religieux de l'instruction semble importer: «Les mathématiques sont enseignées du point de vue de la technicité, les autres disciplines scientifiques et technologiques sont indigentes voire inexistantes. [...] Il n'y a pas de trace d'enseignement en éducation musicale et arts visuels dans les emplois

14. Reportage des 16, 17 et 18 février 2021.

15. Le prénom a été modifié.

du temps et dans les cahiers. L'enseignement artistique et l'histoire des arts ne sont pas étudiés. Les apprentissages en histoire-géographie sont formels, ils s'appuient sur des textes mémorisés au mot à mot.» L'autre inquiétude porte sur les enseignants : L'Olivier n'a pas été en mesure de présenter leurs diplômes aux inspecteurs de l'Éducation nationale... Seule une liste de noms mêlant personnel enseignant, bénévoles et employés de service a été communiquée sans attestations ni documents. On marche sur la tête : la vérification de la qualification du corps enseignant devrait être la première inquiétude. Comment contrôler la qualité de l'instruction si on ne sait même pas qui la dispense ? Or, note encore le rapport : «Il est impossible de contrôler pour chaque personnel leurs titres ou diplômes, nationalité et âges requis... Le désordre dans la présentation des quelques documents est manifeste, et ne permet pas une gestion et un suivi administratifs. À titre d'exemple, une enseignante rencontrée lors de l'inspection de janvier 2016 et en activité dans l'école depuis cinq ans, selon ses dires, ne figure pas sur le registre des personnels.»

Une fois de plus, les contrôles administratifs et les interrogations qui en découlent se heurtent à l'opacité. Nous avons retrouvé la même opacité sur place : les parents d'élèves se montrent hermétiques à notre présence et les regards de travers fusent à notre encontre. Une enseignante s'occupe de l'accueil, elle connaît visiblement aussi bien les enfants que leurs mères. Elle aussi refuse de nous parler. Nous apercevons beaucoup de petites filles voilées, pour autant nous n'avons pas réussi à savoir comment s'organise la mixité au sein de l'école. La plupart des mères portent le hijab, quelques-unes arborent le niqab, ne laissant apparaître que leurs yeux.

Le document de l'Éducation nationale constate également que « l'établissement ne présente pas de projet pédagogique. À la question portant sur les motivations des familles pour solliciter une inscription à l'Olivier, le président de l'association nous répond qu'elles se fondent uniquement sur deux piliers : les valeurs de l'islam et la connaissance de la langue arabe ». Pourtant, L'Olivier n'est pas pointé du doigt parce que c'est un institut religieux où les élèves évoluent dans un entre-soi musulman, mais parce que l'enseignement y apparaît déficitaire et passe au second plan après l'apprentissage spirituel. Par leur façon singulière et inconsciente de gérer l'environnement scolaire, des écoles comme celle-ci contribuent à véhiculer une image négative de l'ensemble des établissements musulmans, jetant l'opprobre sur ce type d'instituts déjà dans le collimateur de la loi confortant le respect des principes de la République.

Outre le sujet sensible de la radicalisation religieuse, on retrouve en effet ce point commun inquiétant dans bon nombre d'établissements privés hors contrat confessionnels : la faible qualité de leur enseignement. Dans le rapport de Versailles en date du 28 février 2016 que nous avons pu consulter, l'inspecteur chargé de la mission de prévention des phénomènes sectaires et des phénomènes d'emprise sur les jeunes relate des situations effrayantes concernant les professeurs et l'approche du contenu des cours. Ce type de compte rendu pointe certaines formes d'éducation qui favorisent la perméabilité à des idéologies dominantes, par les effets conjugués des connaissances choisies et des savoirs évités. L'inspecteur s'appuie sur de nombreux contrôles académiques, notamment au sein d'établissements musulmans, ayant pour but de vérifier si l'instruction garantit l'acquisition des instruments fondamentaux du savoir et du socle commun de connaissances et de compétences. Pour se démarquer, certains groupes scolaires religieux n'hésitent pas à accuser l'école publique de climat d'inégalité et d'échec, en attirant les familles par la promesse d'un enseignement d'excellence. Mais qu'en est-il réellement de cette « excellence » ? Le rapport relate une scène où, dans une école musulmane, l'enseignante demande à propos de Clovis « Pourquoi les rois de France se convertissent-ils au christianisme ? », confondant rois de France et rois des Francs… La question « Qui succède à Charlemagne en 987 ? » amalgame la fin du règne de l'empereur (mort en 843) et la fin de sa dynastie (987). Par-delà la question de la formation des enseignants, ces erreurs relevées soulèvent la question des savoirs enseignés. Par exemple, dans bon nombre de ces écoles, les inspecteurs rapportent : « L'enseignement scientifique se limite à une découverte des abeilles et du miel, ou à la fabrication du pain. » Ils insistent également sur le fait que les frises chronologiques décorant les murs des classes commencent aux guerres de religions sans mention de la préhistoire ni de l'Antiquité… Si le choix d'entrer dans l'histoire par les récits mythiques demeure une bonne approche pour susciter l'intérêt de l'enfant, il suppose néanmoins de la part du professeur un réel questionnement sur la notion de faits historiques et sur la dimension métaphorique des exemples utilisés. Cette confusion ne permet pas aux élèves de distinguer les savoirs des mythes. L'approche culturelle est inexistante. Les liens entre la culture et les civilisations, entre l'histoire et l'art, l'espace et le temps, l'individu et la société, pourtant facteurs de compréhension du monde, ne font l'objet d'aucun enseignement. «Dans plusieurs écoles musulmanes, il nous est répondu que c'est un choix, mais sans en donner le fondement.» Les manuels de français et de mathématiques ne présentent que des exercices mais aucun contenu, aucune explication : «Nous assistons partout à des séances d'exercices, de lecture, de copie mais à aucune leçon. Les documents affichés dans les classes ou distribués comportent de nombreuses erreurs d'orthographe. Des pratiques d'apprentissage répétitives et laborieuses de copie, de "par cœur", se succèdent dans un climat de silence et de passivité.» À la lecture de ce rapport, nous pensons davantage à des surveillants qu'à des professeurs... Si toutefois ces élèves reprenaient le chemin de l'école publique, il leur serait difficile d'être au niveau. «L'apprentissage de la lecture se fait sur des textes exclusivement religieux. Une enfant de CP "lit" un livre face à la classe mais ce qu'elle "lit" ne correspond pas à la page ouverte devant elle, il est clair qu'elle récite. L'enseignante ne le remarque pas.» Est-ce que l'enfant ne sait pas lire ? Est-ce qu'elle préfère simplement réciter ce qu'elle connaît par cœur? Dans les deux cas, son comportement échappe à sa maîtresse. Par ailleurs, ces méthodes laissent peu de place à la parole et à l'expression des enfants. Elles favorisent l'obéissance au détriment de la réflexion. Il n'y a ici pas d'espace accordé au développement de la pensée, ni à celui de l'esprit critique. «L'enseignement proposé ne permet pas d'interactions entre les élèves et l'enseignant, comment envisager que l'autonomie et l'initiative des enfants soient développées?» s'interroge l'inspecteur. Ce type de conditionnement dès le plus jeune âge lorsque l'enfant se construit, ajouté à un enseignement biaisé et incomplet, semble à mille lieues de «l'excellence». Au contraire, il apporte une vision erronée et unilatérale du monde. Bien entendu, et heureusement, ce rapport ne concerne pas l'ensemble des établissements de confession musulmane, à l'instar du collège et lycée Averroès de Lille, dont le taux de réussite culmine à 100 %.

Le problème le plus épineux, en réalité, est celui des «écoles de fait», comme les nomme Jean-Michel Blanquer. Par définition clandestines, cachées derrière le statut d'association, voire d'entreprise, elles échappent à tous les radars de contrôle de l'Éducation nationale. Exactement comme les «écoles» en ligne[16], que leur statut et leur rôle très flous rendent extrêmement difficiles à identifier. Ces écoles clandestines qui elles aussi n'ont d'école que le nom ne relèvent d'ailleurs pas du ministère de l'Éducation nationale mais du ministère de l'Intérieur. La qualité

16. Voir chapitre «Les salafistes s'invitent à domicile».

des enseignements y est variable, en général très faible. Nombre des élèves de ces structures sont officiellement scolarisés à la maison. « On trouve des familles qui ont opté à l'origine pour une instruction à domicile, souvent en raison de l'interdiction du port du voile à l'école publique, mais qui, éprouvant des difficultés, ont ensuite recherché de l'aide dans leur communauté naturelle, ce qui les conduit aux associations ou personnes gravitant autour de la mosquée. C'est ainsi que naissent généralement les écoles de fait. », explique Anne Coffinier, présidente de l'association Créer son école[17] », explique Anne Coffinier, présidente de l'association Créer son école. Ce que confirme un proche conseiller de Jean-Michel Blanquer : « 50 à 60 % de ces enfants sont déclarés en IEF [instruction en famille]. » Ce type d'établissements hors la loi prend place dans des appartements, des hangars, des greniers, n'offrant pas de service de cantine, ni d'espaces extérieurs pour la récréation et les activités sportives. Les normes de sécurité n'y sont pas systématiquement respectées. Ils agissent pernicieusement en recrutant le personnel enseignant par bouche-à-oreille. Ils se font souvent le relais d'associations de quartier, comme les madrassas, ces lieux où l'on enseigne le Coran et la théologie. Pour justifier l'omerta qui règne en maître dans ces arcanes de l'école parallèle, on évoque la peur de représailles. Les voisins craignent d'être pris à partie donc ils ne s'expriment pas. Un élu d'une ville du 93 (Seine-Saint-Denis) relate notamment, sous couvert de l'anonymat, la

17. Entretien du 26 février 2021.

pression endogène rencontrée par certaines familles : « Quand tout autour de vous, dans le pâté de maisons, tous les gamins vont au même endroit pour étudier, sauf les vôtres, vous attirez les regards et vous ressentez du jugement. Si vous voulez la tranquillité, vous le scolarisez là où “c’est la norme[18]”. » Dans la majorité des cas, ces établissements clandestins sont découverts sur dénonciation. Des riverains observent les allées et venues d’enfants qu’on emmène ou vient chercher à l’école là où il n’y a aucune école visible, et alertent le maire ou la police. Ils remarquent que les horaires sont décalés de sorte que les mères qui le souhaitent ne croisent pas d’hommes, d’autres pères par exemple. Il est donc extrêmement difficile de démanteler ces établissements fantômes, tout d’abord parce qu’on ne sait pas les identifier.

Récemment, un conseiller de Jean-Michel Blanquer nous expliquait avoir été contacté par la sous-préfecture de la Nièvre qui signalait un nombre soudain et croissant d’inscriptions en IEF à Château-Chinon, le fief de l’Union des organisations islamiques de France (UOIF), devenue Musulmans de France, une fédération dont la proximité avec les Frères musulmans a été maintes fois établie. Dans cette ville berceau et caisse de résonance de l’idéologie fériste en France, le fait que « plus d’une dizaine de mères se manifestent à la mairie en très peu de temps pour déscolariser leur enfant et l’inscrire en instruction en famille, ça peut être la piste d’une école de fait ». Car sans indice, sans base de départ, il s’avère très

18. Entretien du 9 décembre 2020.

complexe de pénétrer l'univers souterrain des écoles de fait.

« Il y a des secteurs qui testent la République. Eh bien qu'ils la testent. Ils la trouveront debout et forte[19]. » C'est ainsi que Jean-Michel Blanquer s'exprimait après ses annonces visant la fermeture des établissements illégaux. Depuis, les contrôles se sont en effet accrus et les enquêtes multipliées. À l'instar d'une école sans nom collée à une mosquée, en Seine-Saint-Denis, à Aulnay-sous-Bois, fermée en janvier 2020 ; 43 enfants, âgés de 3 à 6 ans, y étaient inscrits quatre jours par semaine dans le plus grand secret. Les frais de scolarité étaient payés en liquide. L'ensemble des élèves était officiellement scolarisé à la maison... Mais en réalité, chaque matin, les parents les déposaient dans cette « école » à l'idéologie rigoriste. Les enseignants s'appuyaient notamment sur un livre religieux interdit de « vente aux mineurs, de publicité et d'exposition » pour risque d'incitation à la discrimination ou à la haine. L'ouvrage, *Apprendre le tawhid aux enfants*, est une traduction adaptée en français des écrits du théologien et prédicateur du wahhabisme Mohammed ben Abdelwahhab, cette version rigoriste de l'islam sunnite dont le berceau est l'Arabie saoudite. L'arrêté ministériel concernant son interdiction, daté du 5 juillet 2019, estime que le livre « contient des propos susceptibles d'inciter à la discrimination ou à la haine envers les personnes ne pratiquant pas l'islam wahhabite ». Le Tawhid désigne le dogme de « l'unicité de Dieu », soit la fusion du

19. Déclaration faite le 8 mai 2019 sur Europe 1.

religieux et du politique. Sur la quatrième de couverture de l'ouvrage, on peut lire que « ce livre dédié aux petits musulmans constitue une épître bénéfique à propos de ce que l'on doit enseigner à l'enfant bien avant de lui apprendre le Coran, pour qu'il devienne une personne accomplie sur la base du monothéisme de l'islam originel ». À la suite d'un contrôle de la préfecture, les faits ont été avérés et l'établissement a définitivement fermé ses portes. Alors ministre de l'Intérieur, Christophe Castaner déclarait que les enfants étaient scolarisés « dans des conditions tellement éloignées de la République, contraints de porter une tenue traditionnelle[20] ». Si le gouvernement Macron multiplie les déclarations de fermeté contre l'islam politique, et essaie de fermer des écoles, il reste toutefois très difficile de démasquer ces associations illégitimes. Comme récemment, toujours en Seine-Saint-Denis, dans la ville voisine de Sevran, où le maire a dû dénoncer l'association Amana, décrite sur de nombreux sites internet comme une école privée dispensant des enseignements de niveau maternelle et primaire. Cette dernière accueillait 70 élèves, eux aussi déclarés en instruction à domicile. Le lieu a officiellement fermé, mais pour des raisons sanitaires. Dans ce dossier, Amana n'ayant pas le statut d'école, l'Éducation nationale ne pouvait agir. Alors qu'elle seule avait légitimité à juger du contenu des enseignements…

20. Lors d'un déplacement à Bobigny le 21 février 2020.

Entre vices juridiques et opacité des lieux d'instruction, les écoles de fait avancent donc masquées. Or comment diligenter une enquête lorsque l'on ne sait pas où chercher ? Selon ses promoteurs, la loi contre les séparatismes permettra de contrer juridiquement ces associations. « C'est un sujet extrêmement sensible que la liberté de l'éducation. On est conscients qu'on rame à contre-courant, confrontés à des gens très malins et très hostiles, mais la loi devrait nous aider à enfin contrer ceux qui se cachent derrière l'appellation associations », poursuit le proche collaborateur du ministre de l'Éducation[21]. La mesure – chapitre II article 6 – stipule que « toute association ou fondation qui sollicite l'octroi d'une subvention publique s'engage, par un contrat d'engagement républicain, à respecter les principes de liberté, d'égalité, de fraternité, de respect de la dignité de la personne humaine ». Sa non-application aura pour conséquence de bloquer le financement alloué en règle générale. Les associations culturelles sont tout particulièrement visées par l'exécutif à travers ces changements. Et la majorité des sondages sur ces deux thèmes va dans le même sens[22] : les trois quarts des jeunes musulmans de moins de 25 ans interrogés expliquent mettre l'islam avant la République alors qu'ils sont 25 % parmi les 35 ans et plus. Si l'on ajoute à cela que les populations concernées sont de plus en plus jeunes, on peut tristement imaginer que la situation risque de se

21. Entretien du 5 février 2021.

22. Voir l'un des plus récents, le sondage IFOP pour *Charlie Hebdo* en septembre 2020.

complexifier et que les compromis seront difficiles à trouver.

Si les établissements hors contrat musulmans sont petits par le nombre, ils évoquent pourtant une réelle menace. Face à la levée de boucliers, ils avancent sans tambour ni trompette, mais en bousculant les vieux équilibres de la République laïque. Ils suscitent la crainte, cristallisant l'ignorance des uns et les appréhensions des autres. Ils provoquent la colère des musulmans défenseurs de l'enseignement confessionnel, las d'être assimilés aux promoteurs de l'islam extrémiste. Ils exacerbent un déchaînement de passions, jamais tout à fait dénué d'intentions électoralistes, sur tout l'échiquier politique, du Rassemblement national à l'extrême gauche. Mais il suffit d'une pomme pourrie pour gâter tout le tas, qui entache la réputation du reste des écoles musulmanes.

17

Écoles sous influences étrangères

Il n'est pas interdit que des pays étrangers, par le biais d'associations notamment, versent de l'argent à des établissements scolaires français. Toutefois si les financements sont alloués dans une optique stratégique visant à obtenir quelque chose en retour, un problème d'ordre éthique et moral se pose. Sous couvert de gros dons, le Qatar implante son idéologie fériste, un islam politique, à contre-pied de la loi confortant les principes républicains. De l'autre côté du globe, en Méditerranée orientale, la politique islamo-conservatrice de la Turquie se répercute sur l'enseignement français devenu l'un de ses plus grands relais d'influence. Le président Erdogan n'en finit plus de vouloir régir l'islam en France, et son combat passe par l'instruction.

La Turquie, une logique d'État à État

Cela fait bien longtemps que la Turquie ne cache plus ses ambitions françaises. Plus que jamais, Recep

Tayyip Erdogan multiplie les invectives publiques envers Emmanuel Macron afin de lui faire savoir qu'il est le seul garant de l'islam de France. « Les musulmans de France sont sous ma protection. Ceux qui vous touchent me touchent », déclarait le chef d'État ottoman en 2018. Deux ans plus tard, après que le président français eut réitéré son soutien au droit de publier des caricatures religieuses, il appelait au boycott des produits français. Une ingérence qui s'est accentuée d'un cran dans le combat que représente pour la Turquie l'enseignement français : le *soft power* que la politique d'Ankara tente d'imposer dans le milieu scolaire et périscolaire du pays n'a plus rien de *soft*.

« Dans ces cours, on se retrouvait avec des profs ne sachant pas parler français et qui enseignaient qu'Erdogan est le plus grand des démocrates et que le génocide arménien n'est qu'une histoire qu'on raconte aux enfants le soir avant de s'endormir. » C'est en ces termes qu'un conseiller de l'Élysée nous explique pourquoi il a été mis fin aux enseignements de langue et de culture d'origine (Elco). Créée en 1977 dans le contexte du regroupement familial, l'initiative, prenant appui sur une directive européenne du 25 juillet 1977, se voulait pavée de bonnes intentions : ces quelques heures de cours extrascolaires étaient destinées aux enfants de travailleurs immigrés afin de ne pas les déraciner de leur culture et de leur langue maternelle. Les Elco s'appuyaient sur des coopérations bilatérales mises en place avec neuf États : Algérie, Croatie, Maroc, Italie, Espagne, Serbie, Portugal, Tunisie et Turquie. Jusqu'à leur récente suppression, ils concernaient 80000 élèves. Ils ne coûtaient rien à l'État qui n'avait en retour pas son mot à dire sur le choix de l'enseignement et des enseignants. Des neuf États membres liés par cette convention, huit d'entre eux se conformaient aux directives et laissaient un droit de regard à l'Éducation nationale. Seule la Turquie refusait la transparence. Dans la plus grande opacité, elle engageait l'enseignant sur son sol, choisissait le contenu des cours ainsi que le lieu où ils se tenaient. Autrement dit : aucun regard autorisé, aucun contrôle possible. « Ce qui se joue derrière ces enseignements linguistiques et culturels, c'est une stratégie étatique d'influence, de contrôle et d'instrumentalisation de la diaspora turque en France et en Europe », analyse Ariane Bonzon, auteure de *Turquie, l'heure de vérité*[1]. Les consulats turcs de France estiment à environ 611000 le nombre de Turcs et Franco-Turcs en France, 800000 en comptant les personnes en situation irrégulière. Les Elco turcs catalysaient un danger de dérive communautaire bien plus grand que les Elco croates, par exemple, en regroupant un réseau d'enseignants et d'imams, tous fonctionnaires turcs envoyés pour travailler dans l'Hexagone. Ensuite, il faut ici rappeler que le président Erdogan ne cherche pas uniquement à contrôler sa communauté sur le sol français, une ingérence mal prise notamment par le Maghreb, mais également et surtout à prendre le leadership de l'islam sunnite sur tous les autres islams et sur toutes les autres

1. Ariane Bonzon, *Turquie, l'heure de vérité*, Paris, Empreinte Temps présent, 2019.

religions. Sa stratégie vise à imposer la Turquie comme le leader de l'islam mondial. Son fantasme de conquête s'inscrit dans un processus tactique partant d'abord et essentiellement de l'éducation de l'individu. « C'était très compliqué de savoir comment ça se passait », poursuit le conseiller. « On s'est rendu compte que ces cours, mis en place dans un cadre bien précis, s'adressaient désormais à des Français depuis plusieurs générations à qui l'on servait la soupe du nationalisme turc, sur le mode : la Turquie est la plus belle et la plus grande des patries et la France une nation dépassée et islamophobe. »

Selon le ministère de l'Éducation nationale, entre 12000 et 15000 élèves d'origine turque suivaient cet enseignement que 192 enseignants dispensaient. Ces quelques heures périscolaires en marge des études demeuraient également un moyen de s'assurer de la loyauté des nationaux à l'égard de leur patrie d'origine. La fermeture des Elco annoncée juste avant le premier confinement, en mars 2020, est venue tendre un peu plus la corde des relations franco-turques, avec en musique de fond le conflit armé en Libye, la guerre en Syrie, les agressions en Méditerranée orientale et la question de l'islam politique en France. Dans ce contexte, le volet scolaire s'est ajouté à la liste non exhaustive de discordes entre Emmanuel Macron et Recep Tayyip Erdogan. En février 2020, dans son discours à Mulhouse, fief de la communauté turque, justifiant la suppression des Elco au profit des enseignements internationaux des langues étrangères (Eile), le président français, d'un ton agacé, visait directement Ankara : « Nous ouvrirons et nous financerons des postes pour des enseignants dont nous serons sûrs qu'ils maîtrisent le français, qui feront l'objet d'un contrôle par le ministère de l'Éducation nationale et pour lesquels les programmes feront l'objet d'un contrôle. » Du côté de la communauté franco-turque de Paris, la suppression des Elco fait grincer des dents : « Comme d'habitude, on se retrouve accusés de communautarisme, mais on ne retourne pas le problème en expliquant que pendant quarante ans ça a bien arrangé le gouvernement français de déléguer le boulot à la Turquie, et de la laisser payer le salaire des enseignants et les loyers des locaux[2]. » L'homme d'environ 45 ans qui se confie sous couvert de l'anonymat a été élève en Elco turcs et jusqu'il y a peu, son fils l'était également. Il ne se décrit pas comme conservateur ni comme pro-Erdogan, mais comme « un Français d'origine turque aux idées normales ». Il interprète cette suppression comme une déclaration de guerre, « une guerre qui passera par l'enseignement ». Le visage préoccupé, il estime que le gouvernement français ne devrait pas avoir de droit de regard sur l'enseignement turc et que « la France ferait mieux de se mêler du contenu revisité de ses manuels d'histoire ». Il n'a le souvenir d'aucune dérive pendant ces quatre heures de cours extrascolaires. Lorsque nous demandons à ce quadragénaire si nier le génocide arménien, comme le fait l'enseignement turc, ne revient pas également à « revisiter » l'histoire, il s'agace et nous renvoie la question : « Qui dit que ce n'est pas vous qui êtes dans l'erreur

2. Entretien du 10 décembre 2020.

en affirmant qu'il y a eu génocide ? » Quels que soient les intéressés, tous se crispent à l'évocation des mots « France » et « Turquie ». Lors d'un entretien au ministère de l'Éducation en février dernier, nous avons interrogé un proche conseiller de Jean-Michel Blanquer sur les rapports compliqués qu'entretiennent les deux pays. Au ton de sa réponse, on comprend que ce terrain préoccupe. « Les Turcs ont très mal pris le discours de Mulhouse. Depuis, des plaintes et des signalements visant des Franco-Turcs ou des Turcs nous remontent. On a l'impression qu'ils exécutent les ordres... On est dans une logique d'État à État. Et dans une offensive d'implantation. » L'ingérence du pouvoir turc est une réalité qui a pour but d'accentuer la mainmise sur la diaspora ottomane installée dans l'Hexagone, et de s'en servir comme arme politique. Depuis la rentrée scolaire 2020, la Turquie livre aussi une guerre médiatique aux collèges et lycées français en Turquie. Par le biais du journal islamo-conservateur *Yeni Safak*, les lycées Charles-de-Gaulle à Ankara et Pierre-Loti à Istanbul sont la cible d'offensives régulières : « On se demande bien comment ces écoles illégales, qui n'ont rien à voir avec la législation turque et n'ont pas le statut d'école privée, ont pu inscrire des étudiants turcs. » Quelques jours plus tôt, le 3 septembre, le quotidien s'insurgeait du contenu des cours d'histoire : « On y dit que le soi-disant génocide arménien est enseigné aux étudiants turcs qui suivent ces cours. » En réalité, ces attaques sont un moyen de pression déguisé du président turc, qui entreprend d'ouvrir des établissements scolaires en France en représailles à la suppression des Elco. Il sait que le gouvernement tentera de le freiner dans son projet. En laissant vivre les écoles françaises en Turquie, tout en critiquant leur légitimité, il envoie un message afin de s'assurer de la réciprocité de son geste. Lorsque, en mai 2019, Jean-Michel Blanquer s'était expliqué sur son refus de donner son accord pour l'ouverture d'établissements turcs, Ankara avait déjà réagi en ce sens : « Nous souhaitons rappeler que des écoles françaises soutenues par l'ambassade de France sont présentes en Turquie. Les négociations concernant les écoles que la Turquie envisage d'ouvrir en France en conformité avec le système d'enseignement français sont en réalité menées dans la perspective d'établir la réciprocité aux écoles françaises existantes en Turquie. » Un chantage à peine dissimulé ? Si Erdogan avait déjà pour projet d'ouvrir des lieux d'enseignement turcs sur le sol français, les nouvelles mesures visant les Elco, puis la prise de parole d'Emmanuel Macron défendant le droit de publier des caricatures au nom de la liberté d'expression, ont accéléré son programme.

Où est le problème ? Presque tous les pays du monde sont représentés par des établissements scolaires à l'étranger. Les lycées français, anglais ou encore américains pullulent et sont généralement très prisés, non seulement de leurs ressortissants mais des élites locales. Peut-être parce que les pays cités ne cherchent pas à imposer un *soft power* politique et religieux... Ils ne dispensent pas un enseignement confessionnel et ne témoignent pas d'une volonté de propagande. Or la diaspora turque de France est majoritairement pro-Erdogan et impose dès qu'elle le peut la politique nationaliste de son pays d'origine. Les jeunes générations grandissent dans ce fanatisme tant religieux que patriotique. Dans un autre registre, on a récemment pu constater ce nationalisme lors des affrontements entre l'Arménie et l'Azerbaïdjan, pays soutenu militairement par la Turquie. Si les Arméniens expatriés ont multiplié les manifestations pour sensibiliser le monde à la reprise de ce conflit, les Turcs, eux, n'ont pas fait dans la dentelle. Des convois d'une centaine d'hommes brandissaient des drapeaux en hurlant : « On va tuer tous les Arméniens ! », notamment à Mulhouse, Lyon, Dijon… Parmi la foule éparse, il y avait des membres des Loups gris, organisation ultranationaliste, historiquement héritière des « Foyers turcs » enterrés pour dérive raciste par Mustapha Kemal en 1932. Aujourd'hui considérés comme le bras armé du Milliyetçi Hareket Partisi (la branche paramilitaire du Parti d'action nationaliste), les Loups gris incarnent l'extrême droite fascisante alliée d'Erdogan. Pour rappel, un activiste du parti néofasciste avait tenté d'assassiner le pape sur la place Saint-Pierre au Vatican au début des années 1980. Si l'organisation vient d'être dissoute en France pour « provocation à des manifestations armées dans la rue et à la discrimination, à la haine ou la violence », en Turquie elle demeure légale, notamment prisée par la jeunesse d'extrême droite. Certains de ses membres avaient été envoyés en France par Ankara dans le cadre des Elco. Le directeur adjoint de l'Institut de relations internationales et stratégiques (Iris), Didier Billion, nuance toutefois l'influence qu'on leur prête : « Il ne faut pas exagérer leur importance, cela reste un groupuscule même s'il est capable, notamment dans une période d'extrême tension, de rassembler quelques jeunes radicalisés qui veulent en découdre avec la France[3]. » Or ne sommes-nous pas justement dans une période « d'extrême tension » ? Nous pourrions devoir faire face à une situation délicate si quelques jeunes radicalisés, comme l'évoque Didier Billion, se décidaient à « en découdre ». Plusieurs rapports des différents services de renseignements territoriaux datés de 2020 pointent en effet du doigt les contours d'une véritable stratégie d'infiltration impulsée depuis Ankara. La Turquie ne se cache plus d'exercer un jeu d'influence sur le sol français. Par exemple, elle procurait des manuels scolaires aux professeurs diligentés en leur donnant pour consignes d'insister sur ce précepte religieux : « En étudiant le sujet "Allah est le créateur de tout", il faut souligner que Allah a créé tous les êtres vivants d'une manière parfaite. » Enseigner le créationnisme plutôt que les théories de l'évolution ? Dans les écoles de la République, de plus en plus d'élèves d'origine turque refusent certains enseignements obligatoires, allant jusqu'à boycotter certaines matières comme les sciences. Un professeur d'histoire-géographie officiant en première et en terminale dans un lycée du 19e arrondissement, nerveux de nous parler, et très inquiet de son anonymat, confie : « Ils – les élèves turcs – réfutent la Shoah, le génocide arménien ainsi que le 11 Septembre qu'ils qualifient de "complot

3. Interview sur France 24, octobre 2020.

israélo-américain". Il est arrivé qu'ils quittent la classe pendant l'étude de chapitres sur ces sujets. On est clairement face à une idéologie radicale et révisionniste. Le débat ne peut pas exister.» Dans ces jeunes générations, la théorie du complot autour du 11 Septembre revient très souvent chez de nombreuses personnes, de tous bords politiques et de tous horizons spirituels. On ne peut donc imputer cette lecture de l'histoire qu'aux Turcs. «Je vois une différence entre les élèves d'origine maghrébine et ceux d'origine turque, poursuit cet enseignant. Avec les premiers, je peux rencontrer les mêmes problèmes, mais c'est particulièrement au niveau du conflit israélo-palestinien que ça bloque. Ils appellent Israël "la Palestine occupée". Mais le débat est là, et il est constructif. Les seconds, eux, semblent être au-dessus du dialogue, ne voulant pas perdre une seconde à discuter ou même à se concentrer sur un cours pourtant obligatoire. Ça devient difficile de les noter tant leurs dissertations sont orientées.» Cet enseignant d'une quarantaine d'années nous a donné rendez-vous dans une ruelle assez éloignée de l'établissement public où il exerce, pourtant à chaque fin de phrase il regarde par-dessus son épaule, visiblement inquiet. Sa peur traduit un aveu d'échec puisqu'il s'est résolu à ne pas aborder certains sujets en classe en fonction de son assemblée. Si le rendez-vous avait été pris depuis longtemps, nous le rencontrons un mois après l'assassinat de Samuel Paty, dans un contexte de tension à son paroxysme parmi les enseignants, et où la chanson *One* de U2 résonne toujours dans beaucoup de cœurs. «Je me revois jeune étudiant à la fac et je n'aurais jamais pensé dire ça un jour, mais peut-être que si l'on veut éviter les drames, ou au moins canaliser les tensions, l'enseignement, y compris public, devrait devenir plus communautaire afin de ne blesser personne et d'éviter des situations vraisemblablement inévitables. » La stratégie gouvernementale qui entend combattre « l'hydre islamiste » se veut à l'opposé de cette réflexion.

À travers la loi confortant le respect des principes républicains, l'exécutif entend désormais avoir un regard sur chaque « membre du personnel du corps enseignant dans le hors contrat, et plus uniquement sur le proviseur », comme le souligne le conseiller du ministre. Mais en aura-t-il la possibilité ? À la manière d'une partie d'échecs, la Turquie avance ses pions avec réflexion et anticipation. Elle semble toujours rebondir sur les injonctions françaises avec un ou deux coups d'avance. Depuis environ 2 ans, la Turquie a accentué la formation de Franco-Turcs afin de les envoyer exercer des postes dans le scolaire et le périscolaire en France. Ainsi, l'État, qui vient de déclarer ne plus vouloir faire appel à des fonctionnaires turcs dans le milieu de l'enseignement, ne pourra pas en revanche refuser la candidature d'un binational. Une stratégie d'anticipation qui permet à Ankara d'assurer sa présence dans le milieu éducatif. Et une sorte de cheval de Troie, en somme, qui risque bien de compliquer les nouveaux objectifs français. Déjà en 2012, Erdogan s'attelait à « former une génération pieuse ». Il a peu à peu remplacé la prédominance des lycées publics laïcs par les lycées publics *imam hatip*, dont il est lui-même diplômé. Ces écoles, créées en 1951, sont destinées à la formation des personnels religieux, qui, en Turquie, sont des fonctionnaires dépendant du Directoire pour les affaires religieuses, et accueillent des élèves à partir de 10 ans. Les *imam hatip* étaient quelques dizaines à la fin des années 1970. On compte aujourd'hui 1,3 million d'étudiants inscrits et répartis sur 400 établissements. Des échanges sont mis en place avec différents pays à travers le monde, comme la Chine, dont le gouvernement offre des bourses dans le cadre de certains programmes. De nombreuses associations religieuses proposent de prendre en charge les frais scolaires des enfants prometteurs. Le succès que ces lycées rencontrent s'explique par le tournant antidémocratique et islamiste que le pays a opéré au début des années 1980. Depuis, la Turquie n'a jamais été aussi loin du modèle de société du fondateur de la République laïque, Kemal Ataturk.

Au printemps 2019, l'hebdomadaire *Le Point*[4] révélait que les directeurs des lycées français à Istanbul et à Ankara avaient reçu plusieurs visites « modérément courtoises » de fonctionnaires turcs, contestant les fondements légaux de la scolarisation d'enfants turcs dans ces établissements. Ils souhaitaient notamment imposer leurs propres manuels scolaires. Dans ces livres d'apprentissage, nous pouvons constater par exemple la disparition de la théorie de l'évolution de Darwin. Une partie du programme

4. Voir « Les indiscrets » du *Point* du 3 mai 2019.

consacrée aux réformes kémalistes du siècle dernier a quant à elle été remplacée par la tentative de putsch ratée du 15 juillet 2016 visant à écarter le président Erdogan.

Les jeunes Français d'origine turque se retrouvent ainsi propulsés dans un univers de défiance où seul le chef d'État ottoman œuvre pour sa nation et pour la religion, et ce dans un contexte où l'exécutif a fait de l'islam politique son premier ennemi. À l'heure où le gouvernement Macron est accusé par Ankara de mener une chasse aux sorcières à l'islam, Erdogan, lui, réaffirme son soutien non seulement à la diaspora turque mais aussi à tous les musulmans de France, de plus en plus jeunes et de plus en plus rigoristes dans leur pratique de la religion.

Le Qatar, la monarchie à l'assaut de la République

Ce qui pose problème, on le voit bien ici, c'est le prosélytisme religieux voulu par le régime d'Erdogan, et non le fait que des établissements turcs viennent s'installer sur le territoire national, où il en existe déjà, financés par des pays étrangers. C'est le cas du lycée Averroès de Lille, du nom du savant musulman né à Cordoue en 1126, premier établissement musulman créé en France (en 2003), avec un double statut (le lycée est sous contrat avec l'État tandis que le collège est privé hors contrat), et souvent plongé dans de lourdes polémiques en raison de ses financements qataris. En avril 2019, les journalistes Christian Chesnot et Georges Malbrunot révèlent dans leur livre *Qatar papers*[5] que cinq ans plus tôt l'ONG Qatar Charity, proche de Doha, a reversé 3 millions d'euros au lycée Averroès. Le généreux bras armé du *soft power* de l'émirat gazier n'a pas grand-chose d'une organisation humanitaire mais beaucoup du financement de l'islam rigoriste prôné par les Frères musulmans. Financée par la famille régnante, les Al-Thani, Qatar Charity prend en charge le *zakat*, c'est-à-dire l'aumône à reverser aux plus démunis, qui constitue le troisième pilier de l'islam. Le *zakat* est un impôt sur l'avoir et la propriété. Son essence même révèle l'importance de l'entraide dans l'univers musulman. Qatar Charity reverse donc de l'argent à droite et à gauche selon les besoins. Or, il a été établi que leur donation au lycée Averroès représente le deuxième plus gros investissement de l'ONG en France. Sans ces révélations, la généreuse contribution serait presque passée inaperçue, ce qui n'a pas échappé au président de la région Hauts-de-France, Xavier Bertrand. Il a décidé de suspendre les 45 300 euros de subventions allouées à l'établissement, elles devaient servir à la rénovation de la toiture et à l'achat d'ordinateurs. Xavier Bertrand s'est largement exprimé dans la presse à ce sujet : « La Région, à ma demande, a bloqué le financement des investissements du lycée privé. Il y a un audit qui a été conduit par l'Éducation nationale, et malgré mes multiples demandes, je n'arrive pas à en avoir les résultats[6]. »

5. Christian Chesnot et Georges Malbrunot, *Qatar papers*, Paris, Michel Lafon, 2019.

6. Interview sur France 3 le 17 octobre 2019.

Pourquoi le Qatar, déjà mécène et actionnaire dans de nombreux domaines en France, aurait-il un intérêt à financer un établissement scolaire ? Historiquement, déjà parce que la région Nord se veut le berceau de l'ex-Union des organisations islamiques de France (UOIF), dissoute en 2017 pour devenir Musulmans de France, très proche des Frères musulmans qui revendiquent un islam politique, à contre-pied de la laïcité à la française. Ces derniers convergent idéologiquement avec la monarchie sunnite du Qatar dans une même vision de l'islam mondial. Lille est donc l'une des vitrines des fréristes en Hexagone. Ensuite, parce que dans cette application de l'islam, il est question de former une élite musulmane occupant des postes clés dans la société occidentale, contrairement aux salafistes qui eux cherchent à s'épanouir de façon communautaire, sans se mélanger. Loin de vivre en retrait, les Frères musulmans pratiquent une stratégie d'entrisme, à l'instar d'Erdogan et de ses ambitions de domination. Averroès constitue ainsi un fleuron en matière d'éducation, mais aussi un lieu où les prières sont autorisées ainsi que le port du voile par les filles. Ce que réfute sans le réfuter Hassan Oufker, son directeur : « Vous avez vu des élèves prier ici ? Ils le peuvent s'ils le souhaitent, mais ici c'est d'abord les cours, ensuite, la pratique de la religion[7]. » Lorsque nous le rencontrons dans son immense lycée, il est un peu méfiant. Attitude compréhensible étant donné l'enchaînement de polémiques autour de son établissement. La première et de loin la plus fracassante

7. Entretien du 15 décembre 2020.

débute en 2015, juste après les attentats contre *Charlie Hebdo* et l'Hyper Cacher, dans un contexte national douloureux et anxiogène. Leur professeur de philosophie, Soufian Zitouni, publie dans *Libération* une tribune intitulée : « Aujourd'hui, le Prophète s'appelle aussi Charlie ». Afin d'étayer son récit condamnant fermement les attentats, l'enseignant cite le prophète Mohamed : « L'encre du savant est plus précieuse que le sang du martyr. » Il fustige les « pseudo-savants de l'islam » qu'il tient en partie pour responsables de l'idéologie permettant au terrorisme de s'insinuer en France. À la suite de cette parution, Zitouni se répand dans la presse au sujet des réactions négatives qu'elle a suscitées au sein d'Averroès : ses relations avec quelques-uns de ses collègues et certains de ses élèves sont, dit-il, devenues « insupportables ». Dans un mail groupé, il confie à ses collègues qu'Averroès « est un nid de vipères hypocrites ». Dans la foulée, il démissionne du lycée, le qualifiant d'« intégriste ». Puis reprend immédiatement la parole dans une seconde tribune de *Libération* dans laquelle il dénonce ce qu'il qualifie de « dérives islamistes » et évoque « l'antisémitisme quasi culturel de nombre d'élèves » ainsi que « le mélange malsain et dangereux de religion et de politique ». Dans le climat de l'époque post-attentats, Zitouni évoque des dérapages verbaux concernant l'hebdomadaire satirique et dénonce une pratique religieuse jusque dans la salle des professeurs. Le lycée lance une procédure judiciaire contre lui, sur la base du mail envoyé à ces collègues. Zitouni est condamné en première instance en septembre 2015 pour « diffamation non publique ».

Il fait appel, et perd de nouveau. Hakim Chergui, l'avocat d'Averroès, entre en jeu et se félicite de cette décision, tout en tenant des propos ambigus : «Cet arrêt est une satisfaction pour les professeurs et les élèves qui se sont sentis calomniés. Mais, c'est vrai, il y a malheureusement des attitudes antisémites à Averroès, mais comme dans tous les lycées de France.» Le directeur du lycée, lui, nous affirme : «Bien qu'on ne puisse pas contrôler tout ce que disent les enfants, l'antisémitisme n'a pas sa place à Averroès.» Tout au plus, il lui arrive de recadrer des parents d'élèves qui souhaiteraient que l'enseignement religieux ressorte davantage, ce à quoi il se refuse. «Il faut parfois faire preuve de patience à l'égard de quelques parents en leur expliquant qu'au sein de l'école l'emploi du temps doit être avant tout rythmé par les cours.» Rappelons que le lycée affiche un taux de réussite au baccalauréat de 100 % et qu'il est classé dans le top 3 des meilleurs lycées des 83 établissements de la région Nord-Pas-de-Calais. Hassan Oufker déplore à juste titre qu'Averroès soit pointé du doigt pour toutes sortes de polémiques et non pour son excellence.

Après ses condamnations, Soufian Zitouni se pourvoit en cassation et réitère ses affirmations en ajoutant les «réactions épidermiques» des élèves à la théorie de l'évolution de Darwin, les positions pro-Hamas de certains professeurs ainsi que la prescription du port du voile comme «obligation religieuse» par un imam lors du prêche du vendredi. Le débat est animé et la plus haute juridiction française finit par annuler l'arrêt de la cour d'appel : le professeur est relaxé. Depuis, il ne désire plus s'exprimer sur ce sujet et a donc refusé nos sollicitations. Il exerce désormais dans un établissement privé catholique. Quand nous évoquons le nom de ce professeur au directeur d'Averroès, ce dernier esquisse un sourire. « C'est malheureux..., soupire-t-il. On ne peut pas empêcher les gens de calomnier. » D'après lui, cet enseignant a toujours cherché la notoriété et aimait se qualifier publiquement de « philosophe. Alors qu'il était professeur de philo ». À la fin de cet entretien, en novembre 2020, nous revenons sur les subventions bloquées par Xavier Bertrand suite à la donation de 3 millions par le Qatar. De nouveau, Hassan Oufker sourit : « Déjà, ce chiffre de 3 millions qui circule partout est faux. Il s'agit de 1 million. Ensuite, les donations à une école ne sont pas une chose interdite, alors pourquoi refuser le don d'un pays qui a de l'argent à revendre ? » Le recteur a été saisi de ces questions, de même que le ministre de l'Éducation Jean-Michel Blanquer. Mais le conseil régional affirme n'avoir eu aucun retour. « Je n'ai toujours pas de réponse. Pour l'instant, j'ai donc bloqué les subventions. J'en ai marre de ne pas avoir de réponse[8] », s'énervait Xavier Bertrand, il y a un peu plus d'un an. Si le lycée Averroès demeure sous contrat avec l'État, son collège ne l'est pas, malgré son souhait de le devenir. Le Comité interministériel de prévention de la délinquance et de la radicalisation (CIPDR) a rédigé une note pour s'opposer à la demande du collège, arguant de ce qu'il qualifie de « subventions

8. Déclaration au journal télévisé de France 3 du 17 octobre 2019.

opaques». Mais dans cette affaire ponctuée de rebondissements, tout peut changer très vite. À plusieurs reprises, Averroès a été contrôlé par les services de l'Éducation nationale. Tant son collège que son lycée remplissaient les conditions qui régissent l'accord entre le groupe scolaire et l'État. Xavier Bertrand, contraint par sa majorité, a dû reverser la subvention à l'établissement. En conclusion de cette très récente actualité, un membre du conseil des sages de la Laïcité auprès du ministre de l'Éducation nationale nous confie : «Le CA d'Averroès a été habilement construit avec des francs-maçons, des politiques de tout bord, des représentants d'autres religions... Chapeau les artistes! Leur modèle, c'est un islam politique avec des cadres formés en France [...]. Quant aux accointances avec le Qatar, c'est la mouvance Sarkozy qui a fait le lien. Le Qatar a toujours été soutenu par Sarkozy. "Le Qatar, ce n'est pas l'islam", disait-il. Blanquer était dans cette mouvance[9]... »

On peut s'interroger. Comment expliquer en effet d'un côté la lutte du gouvernement contre l'islam politique d'obédience salafiste, et de l'autre son indulgence et ses facilitations à l'égard des Frères musulmans ? Pour obtenir une partie de la réponse, il faut remonter en 2007, un mois avant le premier tour de la présidentielle qui donnera gagnant Nicolas Sarkozy. À cette époque, Alain Morvan, recteur de l'académie de Lyon, se bat depuis plus d'un an contre l'ouverture de l'école Al Kindi en périphérie

9. Entretien du 11 janvier 2021.

lyonnaise. Il s'inquiète des liens étroits qui unissent le futur directeur Nazir Hakim à Al-Nosra, groupe rebelle salafiste affilié à Al-Qaida, dont le combat prend alors place en Syrie. De plus, Nazir Hakim est proche de l'organisation suédoise The Commission for the Protection of Civilians, accusée d'avoir fourni des armes aux rebelles d'Al Qaida. Les munitions étaient acheminées depuis la Libye et la Bosnie et entraient en Syrie par la frontière turque. Lorsque les auteurs de *Qatar papers* le croisent en 2012 au Maroc, Hakim leur confie que « toutes les armes étaient bonnes à utiliser contre Bachar al-Assad, y compris celles du Front al-Nosra »... Ce n'est pas un délit en France d'être proche de la mouvance fériste, et Hakim n'en a jamais fait mystère, répétant à qui veut l'entendre : « Nous sommes partout[10]. » Il va jusqu'à manifester sous les fenêtres du rectorat de Lyon, hurlant : « Morvan taliban ! » Contre toute attente, Alain Morvan se voit immédiatement limogé en plein conseil des ministres par le ministre de l'Intérieur de l'époque, Nicolas Sarkozy, qui, déjà et comme aujourd'hui, n'a jamais caché ses rapports amicaux avec le petit émirat. Plus tard, dans son livre *L'Honneur et les Honneurs. Souvenirs d'un recteur « kärcherisé »*, Morvan se remémore : « Nicolas Sarkozy jouait clairement la carte communautaire pour consolider sa future candidature à la présidentielle[11]. » Il y confie également avoir subi des pressions de la part d'un proche de Sarkozy pour permettre au

10. *Qatar Papers*, *op. cit.*
11. Paris, Grasset, 2008.

collège d'ouvrir : Jean-Michel Blanquer, alors directeur adjoint du cabinet du ministre de l'Éducation Gilles de Robien. D'après ses dires, Blanquer lui interdit de parler « publiquement de ces sujets », lui reproche de s'être exprimé sur « les mauvais registres », et confie à *Marianne*, dans une interview en avril 2019 : « Le Jean-Michel Blanquer que j'ai connu est très loin de l'image qu'il s'est construite aujourd'hui, c'est l'anti-héraut de la laïcité ! Je suis surpris par l'image qu'il a réussi à créer, cette stature de garant de la laïcité et de l'école républicaine. Il est clairement très doué en matière de communication. » Le groupe scolaire Al Kindi a bien vu le jour en 2007, dans la foulée de ce limogeage, et en 2012 son collège et son lycée ont même obtenu le statut d'établissement privé sous contrat avec l'État... Il est aujourd'hui le plus grand lycée privé musulman du pays. Et Nazir Hakim en occupe toujours le poste de directeur.

Moralité : si en France les salafistes n'ont pas le vent en poupe dans la création d'écoles, les Frères musulmans pilotés par le Qatar traversent le temps et les présidences sans trop d'encombres. Contrairement à Ankara, Doha n'aboie pas. Elle louvoie habilement, mais elle se montre surtout très généreuse lorsqu'il est question d'apprentissage scolaire. À la manière des Frères musulmans, dont il partage l'idéologie, le petit émirat se livre à une lutte non violente et avance doucement mais sûrement ses pions. Signe de ce travail de fond, le lancement en 2009 du Wise, le World Innovation Summit For Education, par la Fondation du Qatar qui rassemble quelque 1 500 experts du monde entier tous les deux ans. Souhaitant devenir un acteur incontournable de la scène internationale, et apparaître le plus souvent possible aux côtés de nations démocratiques historiques, il est aux avant-postes d'un activisme diplomatique qui ne ménage aucun effort, y compris dans le domaine scolaire.

Conclusion

La loi confortant le respect des principes de la République tend à rogner nos libertés, une fois de plus. Pour la bonne cause, selon le gouvernement. Il n'empêche que ces restrictions successives font de cette loi un texte très sensible dans son ensemble, et qu'il est légitime qu'il provoque tant d'émoi et tant de débats. Au terme de notre plongée dans le domaine de l'éducation, l'équilibre paraît difficile à trouver.

Il nous semble toutefois qu'à travers cette loi, le pouvoir gagnerait à différencier la notion de communautarisme de celle de séparatisme. La première regroupe des individus qui pour des raisons diverses – nous avons tenté de les expliciter – désirent pratiquer un certain entre-soi, sans pour autant chercher à déroger aux lois de la République. Ce communautarisme, qu'il soit religieux, idéologique ou sociétal, n'induit pas automatiquement de vivre en marge des valeurs de la République, ni *a fortiori* de les renier. Parfois, il se présente même comme solution, à l'image de l'instruction en famille pour les enfants inadaptés au système scolaire, et même dans certains établissements confessionnels. La notion de séparatisme, en revanche, induit bien l'idéologie d'un détachement volontaire du reste de la population. Nous avons vu, au cours de cette enquête, combien il fallait traiter cette notion au pluriel, et non au singulier, et combien, en effet, ces séparatismes menacent la démocratie. De fait, amalgamer systématiquement les comportements séparatistes et les comportements communautaires nous semble une erreur.

Concernant l'école, la réforme visant les séparatismes soulève des réflexions éthiques et morales dans le grand kaléidoscope que forme le hors contrat. Elle pose la question dérangeante, mais peut-être légitime, de la toute-puissance de notre modèle de l'école laïque républicaine dans une société de plus en plus éclatée, où il n'a plus la solidité d'un rempart imprenable.

Les strates du hors contrat recouvrent, nous l'avons vu, des réalités très hétéroclites. Impulsé par la volonté des parents, ce type d'enseignement « à la carte », qui suit (et parfois surfe sur) les évolutions de la société, s'il reste encore très marginal par rapport au nombre total des enfants scolarisés en France, est en plein développement. Et du bon, il en ressort. Heureusement. Par exemple quand il répond en premier lieu au désir d'un environnement plus paisible, plus individualisé, parfois plus sécurisé que, dans la vision de certaines familles, l'école publique n'offre pas ou plus. Il permet à l'élève d'avoir la possibilité de mener à bien sa scolarité tout en s'imprégnant des valeurs chères au cœur de ses parents, que ces valeurs soient idéologiques, religieuses ou encore identitaires. Mais c'est bien là ses limites, et le problème : l'école ne doit-elle pas être pour l'enfant, avant tout, le lieu de la rencontre avec l'autre – celui qui peut-être ne vit pas, ne pense pas comme on vit et pense chez lui ? Cette dynamique de l'entre-soi formate bien souvent des élèves qui ne pensent plus par eux-mêmes, voire qui n'imaginent pas qu'ils pourraient penser différemment. Oui à l'élan d'innovations pédagogiques qui vise au bien-être de l'enfant, non à l'accroissement d'inventions éducatives ou aux idéologies extrémistes qui le renvoient au statut de souris de laboratoire ou de mouton de Panurge plus ou moins sous emprise.

Il est indéniable que la société actuelle, où la revendication identitaire devient de plus en plus la première manifestation de l'affirmation de soi, bouscule les codes qu'on croyait immuables de notre République laïque. La révolution culturelle qui gagne la planète depuis quelques années malmène de plus en plus l'universalisme des Lumières sur lequel est fondé notre système scolaire. Pour survivre, doit-il s'adapter et revoir avec davantage de souplesse son approche du communautarisme ou au contraire tenir bon sur ses principes ? Après tout, chaque société a l'école qu'elle mérite et il est clair que la nôtre va moins bien qu'on ne l'aimerait.

Remerciements

Un livre, c'est une aventure qui n'engage pas que nous, les auteurs.

Merci,

À notre éditrice, Françoise Delivet, qui a rendu ce projet possible.

À tous nos camarades du collectif de journalistes indépendants Extra Muros, qui nous ont aidés en partageant leurs idées et leurs contacts, en particulier à Judith Chetrit, alias Juju les Bons Tuyaux, à Sandrine Chesnel et Juliette Loiseau, les pros de l'éducation.

Vous avez aimé cette enquête ? Extra Muros s'engage dans des investigations au long cours grâce au soutien du public. Venez nous rencontrer sur extra-muros.info.

À Antoine Champagne, rédacteur en chef de Reflets.info, pour ses recherches dans le *deep web* à l'aide de son logiciel magique Maltego.

Enfin, merci à ceux qui nous nous ont aidés à apprivoiser le « mammouth », à tous nos contacts que nous ne pouvons pas citer, mais qui se reconnaîtront. Ils nous ont fait confiance en nous livrant leurs témoignages, en nous permettant d'accéder à des documents et à des informations. Devant l'opacité des institutions, ils sont d'autant plus précieux pour pouvoir offrir au public une information de qualité.

Table

II

L'école hors contrat, laboratoire des séparatismes ?

La photocomposition de cet ouvrage
a été réalisée par
GRAPHIC HAINAUT
59410 Anzin

Imprimé en France par CPI
en mars 2021

MIXTE
Papier
FSC FSC® C003309

L'éditeur de cet ouvrage s'engage dans une démarche
de certification FSC® qui contribue à la préservation
des forêts pour les générations futures.

Pour en savoir plus :
www.editis.com/engagement-rse/

N° d'édition : 61508/01
N° d'impression : 163344